Etudes Françaises - Echanges

Cours Intensif 1

NEU

Grammatisches Beiheft

von Günter Freitag und Alfred Göller
unter Mitarbeit von Walter Hornung

Ernst Klett Verlag

Inhalt nach Lektionen

Inhalt nach Sachgebieten

Einzelne Fragewörter

combien de	§§ 19, 48	*quoi*	§ 85	*qui est-ce que*	§ 84
où, d'où	§§ 7, 19	*qui*	§§ 7, 84, 86	*qu'est-ce qui*	§ 84
pourquoi	§ 19	*Präposition + qui*	§ 20	*qu'est-ce que*	§§ 19, 84
quand	§ 19	*que*	§§ 19, 84	*ce qui, ce que*	§ 86
quel	§§ 19, 73	*qui est-ce qui*	§ 84		

Seite

Zusammenfassende Übersichten *(Révision des structures)*

Leçon 1

§ 1 Das Nomen und der bestimmte Artikel – Le nom et l'article défini

Der **Artikel** ist ein **Begleiter** *(le déterminant)* des **Nomens** *(le nom)*.
Er kennzeichnet **Genus** *(le genre)* und **Numerus** *(le nombre)*.

F/D Im Deutschen gibt es Maskulinum, Femininum und Neutrum.
Das Französische kennt hingegen nur **Maskulinum** *(le masculin)*
und **Femininum** *(le féminin)*.
Im Französischen gibt es wie im Deutschen **Singular** *(le singulier)* und **Plural** *(le pluriel)*.

Neu

Le **L'**	frère ami	de Florence, c'est Olivier. de Martine, c'est Jean-Luc.	[ləfrɛr] [lami]	**Singular Maskulinum:** **le/l'**
La **L'**	sœur amie	d'Olivier, c'est Florence. de Jean-Luc, c'est Martine.	[lasœr] [lami]	**Singular Femininum:** **la/l'**
Les **Les** **Les**	garçons, filles, ‿amis	ce sont Jean-Luc et Olivier. ce sont Martine et Florence. sont en vacances.	[legarsõ] [lefij] [lezami]	**Plural Maskulinum und Femininum:** **les**

1. Der bestimmte Artikel Singular heißt im Maskulinum ***le*** [lə] und im Femininum ***la*** [la].
   An diesen Begleitern kann man das Genus eines Nomens erkennen.
2. Wenn das folgende Nomen mit einem Vokal *(la voyelle)* beginnt,
   werden *le* und *la* zu ***l'*** verkürzt.
   Man sagt: sie werden ‚apostrophiert'. Die Apostrophierung verhindert, daß zwei Vokale zusammenstoßen: l~~e a~~mi → **l'a**mi. (‚Ein Apostroph' heißt im Französischen *une apostrophe*.)
3. Im Plural lautet der bestimmte Artikel sowohl für Maskulinum
   als auch für Femininum ***les*** [le].
4. Wenn das folgende Nomen mit einem Konsonanten *(la consonne)* beginnt, wird das Plural-*s* des Artikels nicht ausgesprochen.
   Beginnt das folgende Nomen mit einem Vokal, so wird das Plural-*s* mit diesem Vokal verbunden und als ‚stimmhaftes s' [z] ausgesprochen: *les‿amis* [lezami].
   Der in den grammatischen Erklärungen verwendete Bogen ‿ kennzeichnet die Bindung des *-s* *(la liaison)*.
5. Auch das Nomen selbst hat ein Pluralmerkmal.
   Dies ist bei den meisten Nomen ebenfalls ein *-s* (vgl. aber § 12).
   Außer in Bindungen wird das Plural-*s* des Nomens nicht ausgesprochen.

⚠ Wenn das Plural-*s* des Nomens nicht ausgesprochen wird, erkennt man im Lautbild den Unterschied zwischen Singular und Plural meist nur am Artikel.
Man muß deshalb in der Aussprache deutlich zwischen [lə] *le* und [le] *les* unterscheiden.

1

§ 2 Der unbestimmte Artikel (Singular) – L'article indéfini (singulier)

Neu

Voilà	**un**	garçon.	[ɛ̃garsõ]	C'est Olivier, **le** frère de Florence.	**Maskulinum:**
Voilà	**un‿**	ami	[ɛ̃nami]	d'Olivier. C'est Jean-Luc, **l'**ami de Martine.	**un**
Voilà	**une**	fille.	[ynfij]	C'est Florence, **la** sœur d'Olivier.	**Femininum:**
Voilà	**une**	amie	[ynami]	de Florence. C'est Martine, **l'**amie de Jean-Luc.	**une**

1. Der unbestimmte Artikel Singular heißt im Maskulinum ***un*** [ɛ̃] und im Femininum ***une*** [yn]. Auch an diesen Begleitern kann man also das Genus eines Nomens erkennen (vgl. § 1).
2. Vor einem maskulinen Nomen, das mit Vokal beginnt, wird das *-n* von *un* ausgesprochen. Es wird gebunden: *un‿ami* [ɛ̃nami].

§ 3 Der unbestimmte Artikel (Plural) – L'article indéfini (pluriel)

Neu

Voilà	**des**	verres.	[devɛr]	Ce sont **les** verres de M. Leroux.	**Maskulinum und Femininum:**
Voilà	**des**	côtelettes.	[dekɔtlɛt]	Ce sont **les** côtelettes de Max.	
Voilà	**des‿**	assiettes.	[dezasjɛt]	Ce sont **les‿**assiettes de Mme Leroux.	**des**

1. Der unbestimmte Artikel Plural heißt sowohl im Maskulinum als auch im Femininum ***des*** [de].
2. Vor einem Nomen, das mit Vokal beginnt,
   wird das *-s* von *des* ‚stimmhaft' gebunden: *des‿amis* [dezami].
   Vgl. die Bindung beim bestimmten Artikel: *les‿amis* [lezami].

⚠ *S-* am Wortanfang ist dagegen immer ‚stimmlos': *des sœurs* [desœr].

F/D Einen unbestimmten Artikel Plural gibt es im Deutschen nicht.
Im Deutschen steht das entsprechende Nomen ohne Artikel.

un ami	**ein** Freund
des amis	Freunde

§ 4 Die Präsentative ‚voilà', ‚c'est' und ‚ce sont'

Les présentatifs ‚voilà', ‚c'est' et ‚ce sont'

Neu

> 1. **Voilà** le Tarn. C'est une rivière.
> **Voilà** Olivier et Florence. Ce sont des amis de Martine.

1. Mit *Voilà* … weist man auf Personen und Sachen im Singular und Plural hin.
   Voilà … kann von einer Zeigegeste begleitet sein.
   Häufig folgt danach eine nähere Erklärung mit *c'est* … oder *ce sont* … .

2. – Maman, **c'est** Martine, **c'est** Jean-Luc. Ce sont des amis.
   – Papa, **ce sont** Martine et Jean-Luc, des amis.

2. Zur Vorstellung von Personen verwendet man *c'est* … oder *ce sont* … .

H In der Umgangssprache kann sich *c'est* … auch auf Nomen im Plural beziehen.

Voilà des verres. **C'est les** verres de M. Leroux.

§ 5 Die Sujektpronomen der 3. Person Singular und Plural

Les pronoms sujets de la 3e personne du singulier et du pluriel

Neu Die **Subjektpronomen** der 3. Person Singular und Plural vertreten Nominalgruppen (Begleiter + Nomen) oder Eigennamen, wenn die Nominalgruppen bzw. Eigennamen **Subjekt** sind.

Voilà	**un canoë.**	**Il**	[il]	est sur le Tarn.	**Maskulinum**	
Voilà	**Olivier.**	**Il**	[il]	est dans le canoë.	**Singular:**	**il**
Voilà	**les garçons.**	**Ils**	[il]	sont en vacances.	**Plural:**	**ils**
Voilà	**une rivière.**	**Elle**	[ɛl]	est en France.	**Femininum**	
Voilà	**Martine.**	**Elle**	[ɛl]	est dans l'eau.	**Singular:**	**elle**
Voilà	**les filles.**	**Elles**	[ɛl]	sont avec les garçons.	**Plural:**	**elles**
Voilà	**Jean-Luc et Florence.**	**Ils**	[il]	sont dans un centre de canoë.	**Mask. und Femin. gemeinsam:**	**ils**

1. *Il* und *ils* vertreten maskuline Nominalgruppen im Singular bzw. Plural und maskuline Eigennamen.
2. *Elle* und *elles* vertreten feminine Nominalgruppen im Singular bzw. Plural und feminine Eigennamen.
3. *Ils* wird auch verwendet, um maskuline und feminine Nominalgruppen bzw. Eigennamen gemeinsam zu vertreten.

H Das -*s* von *ils* und *elles* wird nur in der Bindung ausgesprochen (vgl. § 10).

F/D Abweichend vom Deutschen unterscheiden die Subjektpronomen der 3. Person im Französischen auch im Plural zwischen Maskulinum und Femininum. Vergleiche:

– **Olivier et Jean-Luc** sont dans l'eau?
– Oui, **ils** sont dans l'eau.
Ja, **sie** sind im Wasser.

– **Florence et Martine** sont dans les canoës?
– Oui, **elles** sont dans les canoës.
Ja, **sie** sind in den Kanus.

§ 6 Das Verb **‚être'** – Le verbe ‚être'

Neu

Infinitiv:	**être** [ɛtr] – sein							
Präsens:	Singular				Plural			
	je	suis	[ʒəsɥi]	ich bin	nous	sommes	[nusɔm]	wir sind
	tu	es	[tyɛ]	du bist	vous	êtes	[vuzɛt]	ihr seid/Sie sind
	il	est	[ilɛ]	er ist	ils	sont	[ilsõ]	sie sind
	elle	est	[ɛlɛ]	sie ist	elles	sont	[ɛlsõ]	sie sind

Die 2. Person Plural *(vous ...)* dient auch zur höflichen Anrede: deutsch „**Sie**".
Man kann sich damit an eine oder mehrere Personen wenden.

– **Madame Leroux, vous** êtes la mère de Florence?
– **Monsieur et madame Leroux, vous** êtes d'Autun?

F/D Auch als Höflichkeitsform wird *vous* – abweichend vom deutschen „Sie" – immer klein geschrieben.

§ 7 Die Ergänzungsfragen mit ‚Qui ...?' und ‚Où ...?'

L'interrogation partielle avec ‚Qui ...?' et ‚Où ...?'

Man unterscheidet zwei Typen von Fragesätzen:
– **Entscheidungsfragen** und
– **Ergänzungsfragen.**

Entscheidungsfragen sind Fragen, die man mit ‚ja' oder ‚nein' beantworten kann. Sie enthalten kein Fragewort. Da sie sich auf den ganzen Satz beziehen, werden sie im Französischen *interrogation totale* (‚Gesamtfrage') genannt.
Ergänzungsfragen enthalten ein Fragewort. Sie beziehen sich nur auf einen Teil des Satzes und werden deshalb im Französischen *interrogation partielle* (‚Teilfrage') genannt. (Im Deutschunterricht sind auch die Bezeichnungen ‚W-Frage', ‚Wortfrage' und ‚Frage mit Fragewort' üblich.)

Neu

– **Qui** est Martine? Martine, **qui** est-ce?	– Martine / C' est une amie de Florence.
– **Où** est Martine?	– Elle est dans l'eau.
– **Où** sont les canoës?	– Ils sont sur le Tarn.

1. Mit *Qui ... ?* (‚Wer ...?') fragt man nach Personen, die Subjekt des Satzes sind.
   Bei der Umstellung von Subjekt und Verb (Inversion) verbindet man *est* und *ce* durch einen Bindestrich: *Qui est-ce?*
2. Mit *Où ... ?* (‚Wo ...?') fragt man nach Ortsangaben.

1. In Ergänzungsfragen fällt die Satzmelodie (Intonation) meistens zum Satzende ab.
   Das Fragewort hat den höchsten Ton.

Qui est Martine? – – – _ ?	Où est Martine? – – – _ ?

2. In der Umgangssprache können in kurzen Fragen *où* und *d'où* ans Satzende treten.
   Die Intonation ist dann fallend. Steigend ist sie nur in Rückfragen, z. B. wenn man etwas nicht verstanden hat.

– Marc, tu es d'où? (– –– –?) – De Bordeaux. – Pardon? Tu es d'où? (_ – ? _ _ –?) – De Bordeaux.

§ 8 Die Entscheidungsfrage – L'interrogation totale

Fragesatz	**Aussagesatz**
Ça va?	Oui, ça va.
– –?	– – –.

Max est dans la salle de séjour?	Non, il est dans la cuisine.
– – – – – – – – ?	– –– – – – – .

M. Leroux est là aussi?	Oui, il est là aussi.
– – –– – –?	– –– – – –.

Diese Form der Entscheidungsfrage unterscheidet sich von einem Aussagesatz im Lautbild nur durch die steigende Satzmelodie, die Intonation.
Man nennt sie deshalb auch **Intonationsfrage** *(l'interrogation par intonation)*.
Sie wird nur in der gesprochenen Sprache verwendet.

§ 9 Die unverbundenen Personalpronomen der 1. und 2. Person

Les pronoms personnels disjoints de la 1ère et de la 2e personne

Die Subjektpronomen, z. B. *je, tu, nous, vous,* stehen in Verbindung mit einem Verb: *je suis, tu es, nous sommes, vous êtes.*
Man nennt sie deshalb auch **verbundene Personalpronomen** *(pronoms personnels conjoints)*.

Daneben gibt es im Französischen die **unverbundenen Personalpronomen.**
Sie stehen nicht in unmittelbarer Verbindung mit einem Verb *(pronoms personnels disjoints)*.

1

1. – Je suis de Beaune. Et	**toi**?		–	**Moi**	aussi.
– Je suis d'Autun. Et	**vous**,	Florence et Olivier?	–	**Nous**	aussi.
Et	**vous**,	Mme Leroux?	–	**Moi**	aussi.

2. – Max est **avec toi**? – Oui, il est **avec moi**.
3. – **Moi, je** suis Marc. Et **toi, tu** es Christine?

Die Formen der unverbundenen Personalpronomen heißen in der 1. und 2. Person Singular: *moi* und *toi*.
In der 1. und 2. Person Plural lauten sie wie die entsprechenden verbundenen Personalpronomen: *nous* und *vous*.
Die unverbundenen Personalpronomen werden gebraucht:
1. in Sätzen ohne Verb;
2. nach Präpositionen;
3. vor dem verbundenen Personalpronomen (z. B. *Moi, je …; toi, tu …*) zur Hervorhebung des Subjekts. Das geschieht häufig zum Ausdruck eines Gegensatzes.

Leçon 2

§ 10 Die Verben auf ‚-er': Präsens – Les verbes en ‚-er': présent

Neu Beim Verb kann man zwischen **Stamm** und **Endung** unterscheiden.

Infinitiv: travaill -(er); 1. Person Plural Präsens: nous travaill -(ons).

Bei dem Verb *travailler* ist der Stamm *travaill-*.

Die Endungen sind in diesem Beispiel beim Infinitiv (*-er*),
bei der 1. Person Plural Präsens (*-ons*).

Der **Stamm** drückt die **Bedeutung** des Verbs aus.
Die **Endung** trägt **grammatische Informationen**. Sie gibt z. B. Auskunft über die Person (1., 2., 3.), den Numerus (Singular oder Plural), das Tempus (z. B. Präsens).
Es gibt Verbformen mit **hörbarer Endung**: *nous cherch**ons*** [ʃɛrʃõ]
und Verbformen mit **nicht hörbarer Endung**: *ils cherchent* [ʃɛrʃ].
Verbformen mit **hörbarer Endung** heißen **endungsbetonte** Formen.
Verbformen mit **nicht hörbarer Endung** heißen **stammbetonte** Formen.

Stammbetont		Endungsbetont		Ebenso:
		regard**er**	[rəgarde]	chercher
je regard**e**	[rəgard]			donner
tu regard**es**	[rəgard]			montrer
il regard**e**	[rəgard]			réparer
elle regard**e**	[rəgard]			travailler
on regard**e**	[rəgard]			...
		nous regard**ons**	[rəgardõ]	
		vous regard**ez**	[rəgarde]	
ils regard**ent**	[rəgard]			
elles regard**ent**	[rəgard]			

		arriv**er**	[arive]	**Ebenso:**
j' arrive	[ʒariv]			**h**abiter
tu arrives	[tyariv]			**a**pporter
il arrive	[ilariv]			**é**couter
elle arrive	[ɛlariv]			**e**ntrer
on arrive	[õnariv]			**o**ublier
		nous arrivons	[nuzarivõ]	
		vous arrivez	[vuzarive]	**und auch:**
ils arrivent	[ilzariv]			**o**uvrir
elles arrivent	[ɛlzariv]			

1. Der Infinitiv von 90% aller französischen Verben endet auf *-er* [-e].
2. Im Schriftbild heißen die Personalendungen *-e, -es, -e, -ons, -ez, -ent.*
3. Im Lautbild klingen die stammbetonten Formen alle gleich.
4. Beginnt das Verb mit einem Vokal (oder mit einem stummen *h*), so wird
   – *je* zu *j'* verkürzt und
   – das *-n* von *on* sowie das *-s* von *ils, elles, nous* und *vous* im Lautbild gebunden.
   In diesem Fall ist durch die Bindung die 3. Person Plural hörbar.

   Vergleiche:

il regarde	[ilrəgard]	elle regarde	[ɛlrəgard]
ils regardent	[ilrəgard]	elles regardent	[ɛlrəgard]
il arrive	[ilariv]	elle arrive	[ɛlariv]
ils arrivent	[ilzariv]	elles arrivent	[ɛlzariv]

5. Das Verb *ouvrir* hat trotz seines Infinitivs auf *-ir* dieselben Präsensendungen wie die Verben auf *-er*.

H Die 3. Person Singular mit *on* hat zum einen die Bedeutung ‚man':
Chez Neyrat, **on** fabrique des parapluies. Bei Neyrat stellt man Regenschirme her.
Zum anderen wird in der Umgangssprache häufig *on* statt *nous* verwendet.
On regarde des photos? = Nous regardons des photos? Sollen wir Photos anschauen?

2

§ 11 **Die Verben auf ‚er': Imperativ –** Les verbes en ‚-er': impératif

Neu: Im Französischen gibt es drei Imperativformen.
Die Aufforderung kann gerichtet werden an:

eine Person:		Rest**e**. Rest**ez**.	Bleib! Bleiben Sie!
mehrere Personen:		Rest**ez**.	Bleibt! Bleiben Sie!
eine Gruppe, welcher der Sprecher selbst angehört:		Rest**ons**.	Bleiben wir!

⚠ Der Imperativ Singular der Verben auf *-er* wird wie die 1. Person Singular Präsens geschrieben.
Er endet also im Gegensatz zur 2. Person Singular Präsens nicht auf *-s*.
Vergleiche: **je** regarde
Regarde, Martine.
tu regarde**s** (Vgl. im Lateinischen: Labor**a**. – Arbeite!)

F/D
1. Abweichend vom Deutschen wird beim Imperativ im Französischen die angesprochene Person nie durch ein Subjektpronomen gekennzeichnet.
   Vergleiche: Restons. – Bleiben wir!
   Restez. – Bleiben Sie!
2. Am Ende des Imperativsatzes steht im Französischen kein Ausrufezeichen, sondern ein Punkt.

§ 12 **Besonderheiten des Nomens –** Particularités du nom

Neu

1. un parapluie	– des parapluie**s**		
un ordinateur	– des ordinateur**s**		
un journ**al**	– des journ**aux**		
un trav**ail**	– des trav**aux**		
2. M. Morel	– les Morel		
M. Leroux	– les Leroux		
3. madame	– mesdames	[medam]	
mademoiselle	– mesdemoiselles	[medmwazɛl]	
monsieur	– messieurs	[mesjø]	

1. Die meisten Nomen haben ein nicht hörbares Endungs-*s* als Pluralmerkmal.
   Fast alle Nomen auf *-al* sowie einzelne Nomen auf *-ail* bilden den Plural auf *-aux*.
2. Familiennamen stehen ohne Plural-*s*.
3. *Madame, mademoiselle, monsieur* haben im Plural Sonderformen.

4. **l'** amie		– les amies	[lezami]
un ami	[ɛ̃nami]	– des amis	[dezami]
l' **h**eure		– les heures	[lezœr]
un **h**ôtel	[ɛ̃notɛl]	– des hôtels	[dezotɛl]

4. Die Apostrophierung zu *l'* sowie die Bindung in der Aussprache ist nicht nur bei Nomen notwendig, die mit Vokal beginnen, sondern auch bei den meisten Nomen mit *h* am Anfang. Dieses *h* wird ‚das stumme *h*' genannt *(le h muet* [lə aʃ mɥɛ]. Vergleiche §§ 1 und 10.

§ 13 Die Präposition ‚à' und der Artikel – La préposition ‚à' et l'article

W Der bestimmte Artikel lautet im Singular *le, la, l'*, im Plural *les* (vgl. § 1).
Der unbestimmte Artikel lautet im Singular *un, une*, im Plural *des* (vgl. §§ 2, 3).

Neu

Mme Leroux montre le prospectus sur Autun …

au père de Jean-Luc,	[opɛr]	(~~à + le~~) → **au**		**à la** mère de Jean-Luc,
aux touristes,	[oturist]	} (~~à + les~~) → **aux**		**à l'** ami d'Olivier,
aux amies de Sandrine,	[ozami]			**à l'** amie de Sandrine.

Wenn die Präposition *à* auf den bestimmten Artikel *le* oder *les* trifft, verschmilzt sie mit ihm zu einem Wort: *(à + le)* wird zu *au*, *(à + les)* wird zu *aux*. Vor Vokal (oder stummem *h*) wird *aux* (wie *les*) gebunden: … *aux élèves* [ozelɛv]. Die Formen *au/aux* nennt man auf französisch *l'article contracté*.

⚠ Die Verschmelzung findet nur bei den Artikeln *le* und *les* statt. Besonders zu beachten ist, daß *à + l'* nicht verschmolzen wird.

Mme Leroux donne des informations …

au monsieur.	Aber:	**à** Jean-Luc.
		à M. Lassalle.
		à un monsieur.
		à l' ami de Jean-Luc.
aux élèves.		**à** des élèves.

H 1. Die Kombination von *à* und Artikel kommt auch bei Ortsbestimmungen vor:
le collège → au collège (‚im Collège'); l'office de tourisme → à l'office de tourisme (‚im Verkehrsamt'); la maison → à la maison (‚zu Hause').
2. Einige Städtenamen stehen im Französischen mit dem bestimmten Artikel. Die Verschmelzung findet dann ebenfalls statt. Vergleiche:
Paris **à** Paris
Le Creusot **au** Creusot (Hier ist die Kleinschreibung des *article contracté* zu beachten.)

2

§ 14 **Der Aussagesatz** – La phrase déclarative

Neu

1.	**M. Leroux**	entre.				Wer?
2.	Mme Leroux	regarde	**des annonces.**			Was?
3.	Elle	montre	les annonces	**à**	**Olivier.**	Wem?
	Elle	donne	le journal	**aux**	**filles.**	Wem?
	Subjekt	**Verb**	**Direktes Objekt**	**Indirektes Objekt**		

1. Im Aussagesatz steht das Subjekt *(le sujet)* vor dem Verb.
2. Das direkte Objekt *(le complément d'objet direct)* steht als Nomen meist unmittelbar hinter dem Verb. Es wird ohne Präposition (‚direkt') an das Verb angeschlossen.
3. Das indirekte Objekt *(le complément d'objet indirect)* steht meist hinter dem direkten Objekt. Es wird zumeist mit der Präposition *à* angeschlossen (vgl. englisch: ‚to').

F/L/E/D

1. Beim französischen Nomen spricht man, abweichend vom Deutschen und Lateinischen, weder von ‚Kasus' noch von ‚Deklination'. Es hat nur eine Form, gleichgültig, ob es z. B. Subjekt oder direktes Objekt ist. Vergleiche:

Le chien est dans la cuisine.	**Der Hund** ist in der Küche.	**Canis** in culina est.
Nicole cherche **le chien**.	Nicole sucht **den Hund.**	Nicole quaeret **canem**.

2. Die Wortstellung ‚Subjekt + Verb' bleibt im Französischen auch dann erhalten, wenn am Satzanfang eine adverbiale Bestimmung steht.
Dies ist wie im Englischen, aber anders als im Deutschen. Vergleiche:

Chez Neyrat,	**on**	fabrique des parapluies.	
At Neyrats,	**they**	produce umbrellas.	
Bei Neyrat		stellt	**man** Regenschirme her.

3. Die Reihenfolge der Objekte ist im Französischen anders als im Deutschen:

Olivier montre	**l'annonce**	à Florence.
Olivier zeigt		Florence **die Anzeige**.

§ 15 **Die adverbiale Bestimmung** – Le complément circonstanciel

Neu

Olivier	regarde	les annonces	**avec**	**Florence.**	... mit Florence.
M. Leroux	arrive		**à**	**la maison.**	... zu Hause ...
Il	cherche	le journal	**dans**	**la cuisine.**	... in der Küche.
Max	est		**là**	aussi.	... auch da.
Subjekt	Verb	Objekt	**Adverbiale Bestimmung**		

Eine adverbiale Bestimmung besteht wie im Deutschen meist aus einer Präposition + Nominalgruppe/Eigenname oder aus einem Adverb (z. B. *là*).

1. Die Präposition *à* leitet also sowohl indirekte Objekte als auch adverbiale Bestimmungen ein.

Mme Leroux donne des informations **à un monsieur**.	Wem? =	indirektes Objekt
Elle travaille **à l'office de tourisme**.	Wo? =	adverbiale Bestimmung
A midi, elle retourne **à la maison**.	Wohin? =	

2. Ortsbestimmungen können noch mit anderen Präpositionen gebildet werden. Unterscheide besonders zwischen *en, à, dans* und *chez*:

en France	(*en* + femininer Ländername)
en Bourgogne	(*en* + femininer Provinzname)
à Autun	(*à* + Städtename ohne Artikel)
au Creusot	(*à* + Städtename mit Artikel)
au collège	(*à* + Ort in abstrakter Bedeutung, z. B. als Institution, oder in konkreter Bedeutung, jedoch ohne die Vorstellung des Darinseins oder Eintretens)
dans le collège	(*dans* + Ort in konkreter Bedeutung: Vorstellung des Darinseins oder Eintretens)
chez les Leroux	(*chez* + Personen- oder Firmenname: bei der Familie Leroux
chez Neyrat	bei (der Firma) Neyrat.)

Weiterhin gibt es einige feststehende Wendungen mit *en*, z. B. *en classe* ‚in der Klasse' (hier in der Bedeutung: ‚im Unterricht').

§ 16 Die Entscheidungsfrage mit ‚est-ce que'

L'interrogation totale avec ‚est-ce que'

W In der gesprochenen Sprache läßt sich die Entscheidungsfrage durch steigende Satzmelodie bilden (vgl. § 8).

	Florence est là	.		Elle cherche le journal	.	**Aussage**
	Florence est là	?		**Elle cherche le journal**	?	**Intonations-frage**
Est-ce que	Florence est là	?	**Est-ce qu'**	elle cherche le journal	?	**Est-ce que-Frage**

Neu

Die Entscheidungsfrage kann auch mit der Frageformel *Est-ce que* gebildet werden.
Vor Vokal wird diese Formel zu *Est-ce qu'* verkürzt.
Die Satzmelodie ist wie bei der Intonationsfrage meist steigend.
Auch bei der *Est-ce que*-Frage bleibt die Reihenfolge der Wörter wie im Aussagesatz.
Die *Est-ce que*-Frage wird sowohl in der gesprochenen als auch in der geschriebenen Sprache verwendet.

§ 17 Die Grundzahlen von 1 bis 12 – Les nombres cardinaux de 1 à 12

Neu

un		[ɛ̃]	**sept**		[sɛt]	**alleinstehend**
un	garçon	[ɛ̃garsõ]	sept	garçons	[sɛtgarsõ]	**vor Konsonant**
un‿	amis	[ɛ̃nami]	sept‿	amis	[sɛtami]	**vor Vokal**
deux		[dø]	**huit**		[ɥit]	**alleinstehend**
deux	garçons	[døgarsõ]	huit	garçons	[ɥigarsõ]	**vor Konsonant**
deux‿	amis	[døzami]	huit‿	amis	[ɥitami]	**vor Vokal**
trois		[trwa]	**neuf**		[nœf]	**alleinstehend**
trois	garçons	[trwagarsõ]	neuf	garçons	[nœfgarsõ]	**vor Konsonant**
trois‿	amis	[trwazami]	neuf‿	amis	[nœfami]	**vor Vokal**
quatre		[katr]	**dix**		[dis]	**alleinstehend**
quatre	garçons	[kat(re)garsõ]	dix	garçons	[digarsõ]	**vor Konsonant**
quatre‿	amis	[katrami]	dix‿	amis	[dizami]	**vor Vokal**
cinq		[sɛ̃k]	**onze**		[õz]	**alleinstehend**
cinq	garçons	[sɛ̃(k)garsõ]	onze	garçons	[õzgarsõ]	**vor Konsonant**
cinq‿	amis	[sɛkami]	onze	amis	[õzami]	**vor Vokal**
six		[sis]	**douze**		[duz]	**alleinstehend**
six	garçons	[sigarsõ]	douze	garçons	[duzgarsõ]	**vor Konsonant**
six‿	amis	[sizami]	douze‿	amis	[duzami]	**vor Vokal**

Im **Schriftbild** haben die Zahlen immer die gleiche Form. Ausnahme: ***un** garçon* – ***une** fille.* Die **Aussprache** (das **Lautbild**) der meisten Zahlen ist dagegen von ihrer Stellung abhängig. Es kommt darauf an, ob sie allein stehen oder vor einem Wort mit konsonantischem oder vokalischem Anfang.

⚠ 1. Wenn *six, huit* oder *dix* vor einem Konsonanten stehen, wird der Schlußkonsonant ihres Schriftbildes *(-x/-t)* nicht ausgesprochen. Bei *cinq* ist sowohl die Aussprache [sɛ̃garsõ] als auch [sɛ̃kgarsõ] möglich.

2. Das Schluß-*s* oder -*x* von *deux, trois, six* und *dix* wird vor Vokal stimmhaft gebunden (vgl. *les‿amis* [lezami]).
Onze und *douze* haben immer die gleiche Aussprache.
Neuf wird nur vor *heures* (‚Stunden') und *ans* (‚Jahre') stimmhaft gebunden: *neuf heures* [nœvœr], *neuf ans* [nœvɑ̃].

H Vor *un(e), huit* und *onze* wird weder apostrophiert noch gebunden: les nombres **de**||**un** à dix; **les**||**huit** [leɥi] chambres; **les**||**onze** [leõz] canoës.

F/D Werden Grundzahlen als Nomen verwendet, so sind sie im Gegensatz zum Deutschen immer maskulin: C'est **un** quatre. Das ist **eine** Vier.

§ 18 Die Uhrzeit (I) – L'heure

Im folgenden wird gezeigt, wie man die vollen und halben Stunden sowie die Viertelstunden in der Umgangssprache angibt.

… moins le quart

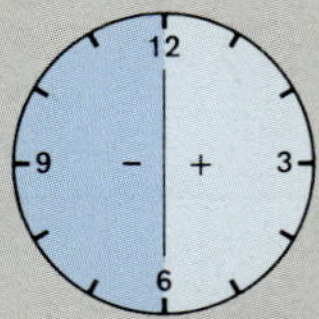

… et quart

… et demie

– Quelle heure est-il? – Il est …	
une heure	[ynœr]
deux heure**s** **et quart**	[døzœrekar]
trois heures et demi**e**	[trwazœredmi]
quatre heures **moins le quart**	[katrœrmwɛ̃lkar]
midi (‚12 Uhr mittags')	[midi]
minuit (‚12 Uhr nachts')	[minɥi]

F/D Abweichend vom Deutschen steht *heure* ab *deux heures* im Plural. Vergleiche:
Il est **une** heure. – Es ist **ein** Uhr.
Il est **deux** heure**s**. – Es ist **zwei** Uhr.
Il est **onze** heure**s**. – Es ist **elf** Uhr.

⚠ 1. Nur *demi* richtet sich im Genus nach dem femininen *heure: … et demi**e***, aber nicht *quart: … et quart.*
2. Der bestimmte Artikel steht nur in *… moins **le** quart*, aber nicht bei *… et quart.*

H Bei *midi* und *minuit* findet man neben der Form *midi et demi**e**/minuit et demi**e*** auch *midi et dem**i**/minuit et dem**i**.*

Leçon 3

§ 19 Die Ergänzungsfrage mit ‚est-ce que'
L'interrogation partielle avec ‚est-ce que'

W Mit der Frageformel *Est-ce que …?* kann man Entscheidungsfragen bilden (vgl. § 16).

Est-ce que les Morvandiaux sont un groupe folklorique?
Est-ce qu' ils font les danses du Morvan?

▷▷

3

(Neu) Mit Hilfe von *est-ce que* lassen sich auch Ergänzungsfragen bilden.

Qu'	**est-ce que**	vous	faites?		Was?
Qu'	**est-ce que**	vous	aimez?		Was?
Qu'	**est-ce que**	c'	est	comme danse?	Was?
Pourquoi	**est-ce que**	vous	dansez?		Warum?
Quand	**est-ce que**	Florence	quitte	l'appartement?	Wann?
Où	**est-ce qu'**	elle	travaille?		Wo?
Où	**est-ce qu'**	elle	apporte	le journal?	Wohin?
A quelle heure	**est-ce qu'**	elle	rentre	à la maison?	Um wieviel Uhr?
Quel âge	**est-ce qu'**	elle	a?		Welches Alter?
Fragewort	**est-ce que**	Subjekt	Verb	Ergänzung	

1. Die Formel *est-ce que* steht nach dem Fragewort.
2. Nach *est-ce que* stehen die Wörter in der gleichen Reihenfolge wie im Aussagesatz: Subjekt – Verb – Ergänzung (vgl. § 16).
3. Die Ergänzungsfrage mit *est-ce que* hat meist fallende Intonation (vgl. § 7).
4. Die Ergänzungsfrage mit *est-ce que* wird sowohl in der gesprochenen als auch in der geschriebenen Sprache verwendet.

(H) 1. In den Lektionstexten kommen auch die Fragen *Où est/sont ...?* und *Que fait/font ...?* vor. Bei diesen Fragen steht kein *est-ce que*. Statt dessen tritt Inversion von Subjekt und Verb ein. Die Inversion nach *Où ...?* und *Que ...?* wird in den ersten Lektionen nur verwendet, wenn der Satz kurz und das Subjekt ein Nomen ist.
Sonst wird die Frage mit *est-ce que* gebildet. Dies gilt besonders, wenn das Subjekt ein Pronomen ist:

Que fait **Olivier**? **Aber:** Qu'est-ce qu'**il** fait?
Où est **Florence**? **Aber:** Où est-ce qu'**elle** est?

Für die Inversion in Sätzen mit einem Pronomen als Subjekt gelten besondere Regeln. Sie werden im § 80 behandelt.

2. In Verbindung mit *combien de ...* ist *est-ce que* selten.
Als **Objekt** wird *combien de ...* häufig nachgestellt (Intonationsfrage):

M. Marchand contacte **combien de gens**?
Ebenso: Il y a **combien de jeunes** dans le groupe?

Als **Subjekt** steht *combien de ...* am Satzanfang:
Combien de jeunes dansent déjà?

3. Bei anderen Fragewörtern ist die Nachstellung in der Umgangssprache bei kurzen Sätzen häufig, z. B. *Tu as quel âge? Tu es d'où?*
Bei *pourquoi* ist die Nachstellung allerdings nicht möglich.
Zur Intonation bei Fragen mit nachgestelltem Fragewort vgl. § 7.

§ 20 Die Ergänzungsfrage mit Präposition + ‚qui'

L'interrogation partielle avec une préposition + ‚qui'

W Mit *Qui …?* fragt man nach **Personen**, die **Subjekt** des Satzes sind (vgl. § 7):
Qui est Martine? Martine, qui est-ce?

Neu

Jean-Luc	pense	**à Florence.**		
		A qui	**est-ce qu'**	il pense?
Il	téléphone	**aux Leroux.**		
		A qui	**est-ce qu'**	il téléphone?
Le téléphone	sonne	**chez les Leroux.**		
		Chez qui	**est-ce que**	le téléphone sonne?
Olivier	arrive	**avec Sandrine.**		
		Avec qui	**est-ce qu'**	il arrive?
Sandrine	apporte le journal	**pour Florence.**		
		Pour qui	**est-ce qu'**	elle apporte le journal?

Mit Präposition + *qui* fragt man nach **Personen**, wenn sie im Satz ein **indirektes Objekt** oder eine **adverbiale Bestimmung** bilden (vgl. §§ 14, 15).
Hinter Präposition + *qui* steht *est-ce que.*

§ 21 ‚Il y a …' und ‚… est/sont …'

W Zum Hinweis auf Personen und Sachen sowie zu ihrer Vorstellung dienen die Präsentative *voilà* und *c'est/ce sont* (vgl. § 4):
Voilà les Morvandiaux. **C'est** un groupe folklorique d'Autun.

Neu Ein weiteres Präsentativ ist die Wendung *il y a*, die sich im Gebrauch von *est/sont* unterscheidet.

1.	– Qu'est-ce qu'	**il y a**	comme groupe folklorique à Autun?
	– (A Autun,)	**il y a**	les Morvandiaux.
		Il y a	combien de personnes dans le groupe?
	– (Dans le groupe,)	**il y a**	trente-cinq personnes.
2.	– Où	**est**	Autun?
	– Autun	**est**	en Bourgogne.
	– Où	**sont**	la porte d'Arroux et la porte St-André?
	– Elles	**sont**	à Autun.

1. Will man wissen, **was** (oder welche Menge) sich irgendwo befindet, so verwendet man in Frage und Antwort ***‚il y a'***.
   Wird die **Ortsbestimmung** in der Antwort wiederholt, so steht sie am **Satzanfang**.
   Nach der Ortsbestimmung steht dann ein Komma.
2. Will man wissen, **wo** sich etwas befindet, so verwendet man in Frage und Antwort ***‚est/sont'***.
   In der Antwort steht die **Ortsbestimmung** dann am **Satzende**.

▷▷

H Nach *il y a* kann ein Nomen im Singular oder Plural folgen:
A Autun, il y a | **un** groupe folklorique.
| **les** Morvandiaux.

§ 22 Die Grundzahlen von 13 bis 69 – Les nombres cardinaux de 13 à 69

W Die Grundzahlen von 1 bis 12 wurden in § 17 behandelt. Sie lauten
un, deux, trois, quatre, cinq, six, sept, huit, neuf, dix, onze, douze.

Neu

10	dix	[dis]	20	vingt	[vɛ̃]	30	trente	[trɑ̃t]
11	onze	[õz]	21	vingt **et** un	[vɛ̃teɛ̃]	31	trente **et** un	[trɑ̃teɛ̃]
12	douze	[duz]	22	vingt-deux	[vɛ̃tdø]	32	trente-deux	[trɑ̃tdø]
13	treize	[trɛz]	23	vingt-trois	[vɛ̃ttrwa]	40	quarante	[karɑ̃t]
14	quatorze	[katɔrz]	24	vingt-quatre	[vɛ̃tkatr]	41	quarante **et** un	[karɑ̃teɛ̃]
15	quinze	[kɛ̃z]	25	vingt-cinq	[vɛ̃tsɛ̃k]	42	quarante-deux	[karɑ̃tdø]
16	seize	[sɛz]	26	vingt-six	[vɛ̃tsis]	50	cinquante	[sɛ̃kɑ̃t]
17	dix-sept	[disɛt]	27	vingt-sept	[vɛ̃tsɛt]	51	cinquante **et** un	[sɛ̃kɑ̃teɛ̃]
18	dix-huit	[dizɥit]	28	vingt-huit	[vɛ̃tɥit]	52	cinquante-deux	[sɛ̃kɑ̃tdø]
19	dix-neuf	[diznœf]	29	vingt-neuf	[vɛ̃tnœf]	60	soixante	[swasɑ̃t]
						61	soixante **et** un	[swasɑ̃teɛ̃]
						69	soixante-neuf	[swasɑ̃tnœf]

1. Von 17 bis 69 werden die Zahlen aus Zehnern und Einern gebildet.
2. Der Einer 1 wird mit *et* angeschlossen, und zwar ohne Bindestrich, die Einer 2 bis 9 werden ohne *et*, aber mit Bindestrich angeschlossen.
3. Stehen die Zahlen mit dem Einer 1 (z. B. 1, 21, 31 usw.) vor einem Nomen, so werden Maskulinum und Femininum unterschieden:
   vingt et **un** garçons
   vingt et **une** filles.

H Bei *page* (‚Seite') heißt es allerdings *à la page vingt et* ***un***.

⚠ Für die Aussprache der Einer gelten die Regeln des § 17.
Das *-t* von *vingt* wird ausgesprochen,
– wenn das folgende Nomen mit einem Vokal beginnt: vingt‿ans [vɛ̃tɑ̃],
– in den Zahlen *vingt et un* [vɛ̃teɛ̃] bis *vingt-neuf* [vɛ̃tnœf].

§ 23 Die Uhrzeit (II) – L'heure

W – Quelle heure est-il? – Il est deux heures.
Il est deux heures et quart.
Il est deux heures et demie.
Il est trois heures moins le quart. (Vgl. § 18)

Neu – | Quelle heure est-il?
| Il est quelle heure?
| Vous avez l'heure?

1. Umgangssprachliche Formulierung

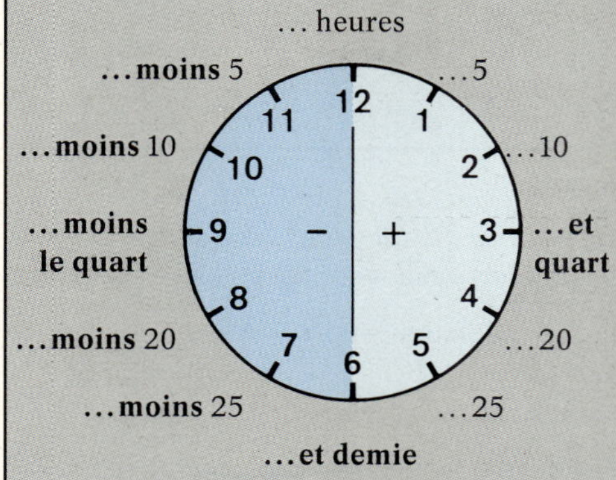

Il est …
1 heure 1 [ynœryn]
2 heures 5
3 heures 10
4 heures et quart
5 heures 21 [sɛ̃kœrvɛ̃teyn]
6 heures et demie
7 heures moins 25
8 heures moins 21 [… mwɛ̃vɛ̃teyn]
9 heures moins le quart
10 heures moins 11
11 heures moins 5
midi moins 3
minuit moins 1 […mwɛ̃yn]

Wird die Uhrzeit **umgangssprachlich** angegeben,
so werden die **Stunden** wie im Deutschen für die Tages- und Nachtzeit von 1 bis 12 gezählt.
Ausnahmen:
Il est midi. (12 Uhr mittags)
Il est minuit. (12 Uhr nachts).
Die **Minuten** werden bis halb zur vorhergehenden Stunde hinzugezählt.
Nach halb werden die Minuten von der nächsten vollen Stunde abgezogen.

2. Offizielle Formulierung

13 h 15	Il est treize heures quinze.	23 h 51	Il est vingt-trois heures cinquante et une.
18 h 30	Il est dix-huit heures trente.	0 h 20	Il est zéro heure vingt. [zeroœr]
21 h 45	Il est vingt et une heures quarante-cinq.	12 h 24	Il est douze heures vingt-quatre.

Wird die Uhrzeit **offiziell** angegeben, so werden wie im Deutschen die Stunden von 0 bis 24 und die Minuten von 1 bis 59 durchgezählt.

⚠
1. Das Genus des femininen Nomens *heure* wird außer bei *1 heure* [ynœr] auch bei *21 heures* [vɛ̃teynœr] erkennbar.
2. Kommt umgangssprachlich oder offiziell die Minutenangabe 1 vor, so steht die feminine Form *une*, da sie sich auf *(la) minute* bezieht: *2 heures 1* [døzœryn].

§ 24 Die Präposition ‚de' und der Artikel – La préposition ‚de' et l'article

W Trifft die Präposition *à* auf den bestimmten Artikel *le* oder *les*, so wird *(à + le)* zu *au*, *(à + les)* zu *aux* verschmolzen (vgl. § 13).

Neu Eine ähnliche Verschmelzung findet statt, wenn die Präposition *de* auf den bestimmten Artikel *le* oder *les* trifft.

▷▷

3

Voilà des photos …				Voilà des photos …	
du	collège de Sandrine,	[dykɔlɛʒ]	**(~~de + le~~) → du**	**de la**	sœur de Martine,
des	classes,	[deklas]		**de l'**	ami d'Olivier,
des	élèves,	[dezelɛv]	**(~~de + les~~) → des**	**de**	Florence,
des	Leroux.	[delәru]		**de**	M. Leroux.

1. Trifft die Präposition *de* auf den bestimmten Artikel *le* oder *les*, verschmilzt sie mit ihm zu einem Wort: *(de + le)* wird zu *du*, *(de + les)* wird zu *des*. Vor Vokal (oder stummem *h*) wird *des* (wie *aux* und *les*) gebunden: … des élèves [dezelɛv].

2. Personennamen im Singular stehen ohne Artikel, Familiennamen im Plural mit Artikel:
Voilà Martine. C'est une amie **de** Florence.
Voilà **les** Marchand. Ce sont les amis **des** Lassalle.

H

1. Bei Städtenamen mit dem bestimmten Artikel findet die Verschmelzung ebenfalls statt:
Le Creusot → des photos **du** Creusot (vgl. § 13).
2. *De* verbindet sich mit dem bestimmten Artikel nicht nur nach Nomen (z. B. *une photo du collège, le groupe des Morvandiaux, les traditions de la Bourgogne*), sondern auch nach Verben, z. B.

faire	**du** sport	Sport treiben	**jouer de la**	vielle	Leier spielen
faire	**de la** musique	Musik machen	**jouer du**	piano	Klavier spielen
rentrer	**du** collège	aus der Schule kommen	**jouer de l'**	accordéon	Akkordeon spielen

3. Unterscheide:

jouer **à** + Spiel und Sport:	jouer **au** football	[futbɔl]	Fußball spielen
	jouer **aux** cartes	[kart]	Karten spielen
jouer **de** + Musikinstrument:	jouer **de la** vielle		Leier spielen

4. Die Präposition *de* kann auch zwei Nomen zu einem festen Begriff verbinden:

la salle **de** séjour	–	das Wohnzimmer
la salle **de** bains	–	das Badezimmer
l'office **de** tourisme	–	das Verkehrsamt
le centre **de** canoë	–	das Kanuzentrum

In diesen Fällen steht, abweichend vom Deutschen, der allgemeine Begriff, das Grundwort *(la salle, l'office)*, vorn.
Das Nomen, das diesen allgemeinen Begriff näher bestimmt, wird mit *de* ohne Artikel angeschlossen *(de séjour, de tourisme)*, also:

Französisch	Deutsch
Grundwort + *de* + Bestimmungswort	Bestimmungswort + Grundwort

⚠ *Des* ist formal immer aus *de* + *les* zusammengesetzt. Es kann aber verschiedene Funktionen haben. Unterscheide: Mme Leroux montre **des** photos **des** monuments à **des** touristes.
In *des photos* und *des touristes* ist *des* unbestimmter Artikel Plural (Begleiter der Nomen *photos* bzw. *touristes*).
In … *photos des monuments* ist *des* die Verschmelzung der Präposition *de* mit dem bestimmten Artikel *les*. *Des monuments* ist eine Beifügung zum Nomen *photos*.

§ 25 Das Verb ‚faire' – Le verbe ‚faire'

Neu

Infinitiv:	**faire** [fɛr] – machen					
Präsens:	Singular			Plural		
	je	**fais**	[ʒəfɛ]	nous	**faisons**	[nufəzõ]
	tu	fais	[tyfɛ]	vous	**faites**	[vufɛt]
	il	fait	[ilfɛ]	ils	**font**	[ilfõ]
	elle	fait	[ɛlfɛ]	elles	**font**	[ɛlfõ]
Imperativ:		Fais ...	[fɛ]		Faisons ...	[fəzõ]
					Faites ...	[fɛt]

§ 26 Das Verb ‚avoir' – Le verbe ‚avoir'

W Die Formen des Hilfsverbs *être* wurden im § 6 behandelt.
Hier folgen die Formen des Hilfsverbs *avoir*.

Infinitiv:	**avoir** [avwar] – haben					
Präsens:	Singular			Plural		
	j'	**ai**	[ʒe]	nous	**avons**	[nuzavõ]
	tu	**as**	[tya]	vous	**avez**	[vuzave]
	il	**a**	[ila]	ils	**ont**	[ilzõ]
	elle	**a**	[ɛla]	elles	**ont**	[ɛlzõ]

⚠ Unterscheide:

1. ils ont [ilzõ] – sie haben (avoir)
   ils **s**ont [ilsõ] – sie sind (être)
2. il a [ila] – **er** hat
   il y a [ilja]– **es** gibt/**es** sind (vgl. § 21).

F/D Bei Altersangaben verwendet man im Französischen das Verb *avoir*, im Deutschen das Verb ‚sein'.

Tu **as** quel âge? – J' **ai** 16 ans.
Wie alt **bist** du? – Ich **bin** 16 (Jahre alt).

3

§ 27 Die Verneinung mit ‚ne … pas' – La négation avec ‚ne … pas'

– Tu travailles?	– Non,	je	**ne**	travaille	**pas**.	
– Olivier est dans la salle de séjour?	– Non,	il	**n'**	est	**pas**	dans la salle de séjour.
– Tu aimes danser?	– Non,	je	**n'**	aime	**pas**	**danser**.
– Je reste avec Sandrine?	– Non,		**ne**	reste	**pas**	avec Sandrine.
		S	**ne**	V	**pas**	

1. Die Verneinung wird im Französischen meist mit den zwei Verneinungswörtern *ne* und *pas* gebildet. *Ne* steht vor dem konjugierten Verb, *pas* steht nach ihm.
   Dies gilt auch, wenn vom konjugierten Verb ein Infinitiv abhängt.
   Es gilt ebenso beim Imperativ.
2. Beginnt das Verb mit einem Vokal (oder mit einem stummen *h*), wird *ne* zu *n'* verkürzt.

1. *Ne* ist immer an das Verb gebunden. In verkürzten Sätzen ohne Verb entfällt auch *ne*:
   – Tu danses avec nous?
   – Ah non! **Pas** moi!
   – Pourquoi **pas**?
   – Parce que je ne danse pas bien.
2. In der Umgangssprache wird *ne* oft zu [n] verkürzt oder ganz weggelassen.
   Geschrieben: Je **ne** travaille pas.
   Gesprochen: [ʒəntravajpa] oder [ʒtravajpa].

§ 28 Die Verneinung ‚ne … pas' bei Nomen

La négation ‚ne … pas' avec des noms

1. – Tu as **un** costume?	– Non,	je	n'	ai	**pas de**	costume.
	(– Oui,	j'		ai	**un**	costume.)
– Vous faites **des** excursions?	– Non,	on	ne	fait	**pas d'**	excursions.
	(– Oui,	on		fait	**des**	excursions.)
– Il y a **un** problème?	– Non,	il	n'	y a	**pas de**	problème.
	(– Oui,	il		y a	**un**	problème.)
2. – Tu écoutes **la** radio?	– Non,	je	n'	écoute	**pas la**	radio.
– Max, c'**est le** chien de Martine?	– Non,	ce	n'	**est**	**pas le**	chien de Martine.
– Le Vallon, c'**est un** lycée?	– Non,	ce	n'	**est**	**pas un**	lycée.
– La porte d'Arroux et la porte St-André **sont des** monuments de l'époque de Napoléon?	– Non,	ce	ne	**sont**	**pas des**	monuments de l'époque de Napoléon.
3. – Vous avez **le** téléphone?	– Non,	nous	n'	avons	pas **le**	téléphone.
– Tu as **le** temps de jouer?	– Non,	je	n'	ai	pas **le**	temps.
4. – Tu **aimes les** chiens?	– Non,	je	n'	**aime**	pas **les**	chiens.

Bezieht sich die **Verneinung** auf **Nomen**, steht im verneinten Satz entweder *pas* + *de* + Nomen **ohne Artikel** oder *pas* + Nomen **mit Artikel**.

1. *Pas* + *de* + Nomen **ohne Artikel** steht,
   wenn mit der Verneinung etwas über eine Menge ausgesagt wird:
   pas de costume – kein Kostüm; *pas d'excursions* – keine Ausflüge;
   pas de problème – kein Problem
   Die Verneinung gibt hier die Menge ‚Null' an (vgl. § 48).
   (Im entsprechenden bejahten Satz würde in diesen Fällen ein unbestimmter Artikel – *un/une/des* – stehen.)
   Vor Vokal (und stummem *h*) wird *pas de* zu *pas d'* verkürzt.
2. *Pas* + Nomen **mit Artikel** steht,
   wenn mit der Verneinung nichts über eine Menge ausgesagt wird.
   Dies ist immer der Fall bei verneintem *être*.
   (Der Artikel des entsprechenden bejahten Satzes bleibt erhalten.)
3. Der **bestimmte Artikel** steht im bejahten und verneinten Satz bei feststehenden Wendungen, wie z. B.
   avoir **le** téléphone – Telefon haben   avoir **le** temps – Zeit haben
4. Der bestimmte Artikel steht auch nach bejahtem und verneintem *aimer*.

⚠ Unterscheide: Ce **ne sont pas des** touristes.   Il **n'y a pas de** touristes ici.

H 1. Unterscheide die Verneinung von ‚*jouer de* + Musikinstrument' und ‚*faire* + Aktivität' (vgl. § 24). Nach verneintem ‚*jouer de* + Musikinstrument' steht *pas* + Nomen **mit Artikel**.
   Nach verneintem ‚*faire* + Aktivität' steht *pas de* + Nomen **ohne Artikel**.
   Vergleiche: – Tu joues de la vielle? – Non, je ne joue **pas de la** vielle.
   – Tu fais du sport? – Non, je ne fais **pas de** sport.
2. Mit *pas de* ... kann man etwas über eine Menge aussagen.
   Auch *combien de* ... und *un groupe de* ... sind Mengenangaben. Vergleiche:

Devant le lycée, il y a **un groupe**	**d'**	élèves.
Il y a **combien**	**de**	filles dans le groupe?
Il **n'**y a **pas**	**de**	filles dans le groupe.

§ 29 Oui./Non./Si.

Neu

Olivier, tu aimes faire du canoë?	– **Oui.**	Ja.
Tu n'aimes pas travailler?	– **Non.**	Nein.
Tu n'es pas au lycée Bonaparte?	– **Si.**	Doch!

Die Antwort auf eine **verneinte Frage** lautet,
wenn man mit dem Fragenden übereinstimmt, ***non,***
wenn man dem Fragenden widersprechen will, ***si.***

Leçon 4

§ 30 Die Possessivbegleiter – Les déterminants possessifs

W Die Artikel stehen beim Nomen: sie zählen zu den **Begleitern** des Nomens (vgl. § 1).

Neu Wir lernen jetzt eine weitere Art von Begleitern kennen: die Possessivbegleiter.
(Wenn im folgenden die Begriffe ‚Besitzer' und ‚Besitzgegenstand' verwendet werden, so ist dies natürlich nicht immer wörtlich zu nehmen.)

• Ein ‚Besitzer'

	Nomen im Singular		Nomen im Plural
	maskulin	feminin	
1. Ps. Sg.	Voilà ... **mon** frère [mõ] **mon** ami [mõnami]	Voilà ... **ma** sœur [ma] **mon** amie [mõnami]	Voilà ... **mes** { **frères** [me] **mes** { **amies** [mezami]
2. Ps. Sg.	**ton** frère [tõ] **ton** ami [tõnami]	**ta** sœur [ta] **ton** amie [tõnami]	**tes** { **frères** [te] **tes** { **amies** [tezami]
3. Ps. Sg.	**son** frère [sõ] **son** ami [sõnami]	**sa** sœur [sa] **son** amie [sõnami]	**ses** { **frères** [se] **ses** { **amies** [sezami]

1. Beziehen sich die Possessivbegleiter auf **einen** ‚Besitzer', so verhalten sie sich wie die Artikel: im Singular unterscheiden sie zwischen Maskulinum und Femininum, im Plural haben sie für Maskulinum und Femininum nur eine Form. Vergleiche:
   Singular Maskulinum: **le** frère /**un** frère → **mon/ton/son** frère
   Singular Femininum: **la** sœur /**une** sœur → **ma/ta/sa** sœur
   Plural Mask. + Fem.: **les** < frères / sœurs /**des** < frères / sœurs → **mes/tes/ses** < frères / sœurs
2. Wenn ein feminines Nomen mit einem Vokal (oder mit stummem *h*) beginnt, so stehen davor die Formen *mon, ton, son*, z. B. *mon amie*.
3. *Mon, ton, son, mes, tes, ses* werden vor Vokal (oder stummem *h*) im Lautbild gebunden: *ton ami* [tõnami], *mes amies* [mezami].

• Mehrere ‚Besitzer'

	Nomen im Singular	Nomen im Plural
1. Ps. Pl.	Voilà ... **notre** { frère [nɔtrəfrɛr] ami [nɔtrami] sœur [nɔtrəsœr] amie [nɔtrami]	Voilà ... **nos** { frères [nofrɛr] amis [nozami] sœurs [nosœr] amies [nozami]
2. Ps. Pl.	**votre** { frère [vɔtrəfrɛr] ami [vɔtrami] sœur [vɔtrəsœr] amie [vɔtrami]	**vos** { frères [vofrɛr] amis [vozami] sœurs [vosœr] amies [vozami]

	Nomen im Singular	Nomen im Plural
3. Ps. Pl.	Voilà ... **leur** { frère [lœrfrɛr], ami [lœrami], sœur [lœrsœr], amie [lœrami]	Voilà ... **leurs** { **frères** [lœrfrɛr], **amis** [lœrzami], **sœurs** [lœrsœr], **amies** [lœrzami]

1. Beziehen sich die Possessivbegleiter auf **mehrere** ‚Besitzer', so unterscheiden sie nur Singular und Plural: ***notre*** *frère* – ***nos*** *frère**s***.
2. *Nos, vos, leurs* werden vor Vokal (oder stummem *h*) im Lautbild gebunden: *nos‿amis* [nozami].
3. *Votre* und *vos* dienen auch als Höflichkeitsform für Personen, die man mit *vous* anredet (vgl. § 6):
   - Voilà **votre** journal, monsieur. ... **Ihre** Zeitung ...
   - Voilà **vos** prospectus, mesdames. ... **Ihre** Prospekte ...

F/D Bei den Possessivbegleitern gibt es Unterschiede zum Deutschen.

1. Im Französischen richtet sich das Genus des Possessivbegleiters nur nach dem Nomen, das er begleitet, und nicht nach dem Genus des ‚Besitzers'.

Il pense à / **Elle** pense à		**Er** denkt an	**Sie** denkt an
son frère,		**seinen** Bruder,	**ihren** Bruder,
sa sœur,		**seine** Schwester,	**ihre** Schwester,
ses amis.		**seine** Freunde.	**ihre** Freunde.

2. Das deutsche ‚ihr(-e, -en)/Ihr(-e, -en)' hat im Französischen je nach dem Zusammenhang ganz verschiedene Entsprechungen.

Elle pense à	**son**	père.	**Sie** denkt an	**ihren**	Vater.
	sa	mère.		**ihre**	Mutter.
	ses	professeurs.		**ihre**	Lehrer.
C'est	**votre**	journal?	Ist das	**Ihre**	Zeitung?
Vous avez	**vos**	prospectus?	Haben **Sie**	**Ihre**	Prospekte?
Ils regardent	**leur**	chambre.	**Sie** betrachten	**ihr**	Zimmer.
Ils regardent	**leurs**	chambres.	**Sie** betrachten	**ihre**	Zimmer.

Leur(s) bezieht sich immer auf **mehrere** ‚Besitzer'.
Leur (ohne -*s*) steht bei mehreren ‚Besitzern' und einem ‚Besitzgegenstand'.
Leurs (mit -*s*) steht bei mehreren ‚Besitzern' und mehreren ‚Besitzgegenständen'.
Ses bezieht sich immer nur auf **einen** ‚Besitzer'.

4

§ 31 Das Verb ‚aller‘ – Le verbe ‚aller‘

Infinitiv:	**aller** [ale] – gehen					
Präsens:	Singular			Plural		
	je	**vais**	[ʒəvɛ]	nous	**allons**	[nuzalõ]
	tu	**vas**	[tyva]	vous	**allez**	[vuzale]
	il	**va**	[ilva]	ils	**vont**	[ilvõ]
	elle	**va**	[ɛlva]	elles	**vont**	[ɛlvõ]
Imperativ:		**Va.**	[va]		Allons.	[alõ]
					Allez.	[ale]

1. Vier französische Verben bilden die 3. Person Plural Präsens auf *-ont*:
   avoir → ils ont; être → ils sont; faire → ils font; aller → ils vont.
   Unterscheide deutlich bei der Aussprache:
   ils ont [ilzõ] und *ils sont* [ilsõ], *ils font* [ilfõ] und *ils vont* [ilvõ].
2. Beachte die Präposition nach *aller* (vgl. § 15):
   Je vais **au cinéma** (Ortsbestimmung). Je vais **chez Anne** (Personenname).
   Je vais **chez Neyrat** (Firmenname).

§ 32 Die Verben ‚écrire‘, ‚lire‘ und ‚dire‘ – Les verbes ‚écrire‘, ‚lire‘ et ‚dire‘

Die regelmäßigen Verben auf *-er* haben im Laut- und Schriftbild **einen** Stamm (vgl. § 10).

Infinitiv:	**écrire** [ekrir] – schreiben					
Präsens:	Singular			Plural		
	j'	**écris**	[ʒekri]	nous	**écrivons**	[nuzekrivõ]
	tu	**écris**	[tyekri]	vous	**écrivez**	[vuzekrive]
	il	écrit	[ilekri]	ils	**écrivent**	[ilzekriv]
	elle	écrit	[ɛlekri]	elles	**écrivent**	[ɛlzekriv]
Imperativ:		Ecris.	[ekri]		Ecrivons.	[ekrivõ]
					Ecrivez.	[ekrive]
Stämme:		**écri-**	[ekri]		**écriv-**	[ekriv-]

1. Bei *écrire* und *lire* unterscheidet sich der Singularstamm vom Pluralstamm, und zwar im Schriftbild und im Lautbild. Dies ist bei vielen Verben auf *-re* der Fall.
2. Im Schriftbild heißen die Personalendungen *-s, -s, -t, -ons, -ez, ent.*

Infinitiv:	**lire** [lir] – lesen					
Präsens:	Singular			Plural		
	je	**lis**	[ʒəli]	nous	**lisons**	[nulizõ]
	tu	lis	[tyli]	vous	lise**z**	[vulize]
	il	lit	[illi]	ils	**lisent**	[illiz]
	elle	lit	[ɛlli]	elles	**lisent**	[ɛlliz]
Imperativ:		Lis.	[li]		Lisons.	[lizõ]
					Lisez.	[lize]
Stämme:		**li-**	[li]		**lis-**	[liz-]

Infinitiv:	**dire** [dir] – sagen					
Präsens:	Singular			Plural		
	je	**dis**	[ʒədi]	nous	**disons**	[nudizõ]
	tu	dis	[tydi]	vous	**dites**	[vudit]
	il	dit	[ildi]	ils	**disent**	[ildiz]
	elle	dit	[ɛldi]	elles	**disent**	[ɛldiz]
Imperativ:		Dis...	[di]		Disons ...	[dizõ]
					Dites ...	[dit]
Stämme:		**di-**	[di]		**dis-**	[diz-]

3. Auch bei *dire* unterscheidet sich der Singular- vom Pluralstamm. *Dire* hat darüber hinaus in der 2. Person Plural eine Sonderform. Vergleiche:
vous di**tes**,
vous ê**tes** (§ 6),
vous fai**tes** (§ 25).

§ 33 Die Verben auf ‚-dre' (regelmäßige Gruppe) – Les verbes en ‚-dre'

W Bei vielen Verben auf *-re* unterscheidet sich der Singular- vom Pluralstamm, und zwar im Schriftbild und im Lautbild (vgl. § 32).
Da man häufig die unterschiedlichen Stämme nicht vorhersehen kann, ist es am besten, diese Verben als unregelmäßige Verben einzeln zu lernen. So sind sie auch in der Verbübersicht im Anhang dieses Heftes aufgeführt.

Neu Unter den Verben auf *-re* gibt es jedoch eine Gruppe mit regelmäßiger Bildung. Diese Verben haben vor der Endung *-re* ein *-d-*. Sie werden deshalb Verben auf *-dre* genannt.

Infinitiv:	**attendre** [atɑ̃dr] – warten						Ebenso: répondre u. a.
Präsens:	Singular			Plural			
	j'	**attends**	[ʒatɑ̃]	nous	**attendons**	[nuzatɑ̃dõ]	
	tu	attends	[tyatɑ̃]	vous	attend**ez**	[vuzatɑ̃de]	
	il	atten**d**	[ilatɑ̃]	ils	**attendent**	[ilzatɑ̃d]	
	elle	atten**d**	[ɛlatɑ̃]	elles	**attendent**	[ɛlzatɑ̃d]	
Imperativ:		Attends.	[atɑ̃]		Attendons.	[atɑ̃dõ]	
					Attendez.	[atɑ̃de]	
Stamm Schriftbild:	**attend-**						
Stämme Lautbild:	[atɑ̃]			[atɑ̃**d**-]			

1. Im **Schriftbild** haben die Verben auf *-dre* nur **einen Stamm**: *attend-, répond-*.
Im **Lautbild** haben sie dagegen **zwei Stämme**:
Singular: [atɑ̃], [repõ]; Plural: [atɑ̃d-], [repõd-].
2. Im Schriftbild enden diese Verben auf *-s, -s,* **-d**, *-ons, -ez, -ent*.

▷▷

⚠ 1. Es ist besonders zu beachten, daß die 3. Person Singular im Gegensatz zu den übrigen Verben auf *-re* nicht auf *-t*, sondern auf *-d* endet.
2. Es ist wichtig, bei den Verben auf *-dre* die beiden Stämme deutlich auszusprechen.
Bei *répondre* z. B. unterscheidet man so:
il répond [ilrepõ] ‚er antwortet' und *ils répondent* [ilrepõd] ‚sie antworten'.
Bei Verben, die mit Vokal beginnen, z. B. *attendre*, ist die Bindung ein weiteres Unterscheidungsmerkmal: *il attend* [ilatɑ̃] und *ils attendent* [ilzatɑ̃d].

§ 34 Die Ordnungszahlen – Les nombres ordinaux

Neu

1er	le premier	11e	**le/la onz**ième
1ère	la première	12e	le/la dou**z**ième
2e	le/la deuxième [døzjɛm]	13e	le/la trei**z**ième
	le second, la seconde [sgõ, sgõd]	14e	le/la quator**z**ième
3e	le/la troisième	15e	le/la quin**z**ième
4e	le/la quat**ri**ème	16e	le/la sei**z**ième
5e	le/la cin**qu**ième	17e	le/la dix-septième [disɛtjɛm]
6e	le/la sixième [sizjɛm]	18e	le/la dix-huitième [dizɥitjɛm]
7e	le/la septième	19e	le/la dix-neu**v**ième
8e	**le/la h**uitième	20e	le/la vingtième
9e	le/la neu**v**ième [nœvjɛm]	21e	le/la vingt et **unième** [vɛ̃teynjɛm]
10e	le/la dixième [dizjɛm]	22e	le/la vingt-deuxième

1. Die **Ordnungszahlen** werden in der Regel gebildet, indem man das Suffix ***-ième*** an die entsprechende **Grundzahl** anhängt. (Zu den Grundzahlen bis 69 vgl. §§ 17, 22.) Beispiel:
Grundzahl: *deux*
Ordnungszahl: *deux + -ième → deuxième.*
Dabei ergeben sich bei einzelnen Ordnungszahlen Besonderheiten im Schriftbild und im Lautbild. (Diese sind in der Tabelle durch Fettdruck hervorgehoben.)
So entfällt z. B. ein stummes *-e* am Ende der Grundzahl: *onze – onz**i**ème.*
2. Sonderformen, die **nicht** auf diese Weise gebildet werden, sind ***premier*** und ***second***.
Vor einem **maskulinen Nomen**, das mit Vokal (oder stummem *h*) beginnt, wird *premier* gebunden und wie die feminine Form gesprochen: *au premier étage* [oprəmjɛretaʒ].
3. Vor *huitième* und *onzième* wird der bestimmte Artikel **nicht** zu *l'*:
le huitième kilomètre; **la o**nzième question.

§ 35 Das Datum und die Wochentage – La date et les jours de la semaine

Neu

- **Das Datum**

–	On est C'est Nous sommes	le combien, aujourd'hui?	–	On est C'est Nous sommes	**le premier septembre**. **le deux octobre**. **le onze novembre**.

1. Bei Datumsangaben verwendet man im Gegensatz zum Deutschen die Grundzahl. Ausnahme: *le 1er*. Vergleiche:

le **premier** septembre	– der **erste**	September
le **deux** octobre	– der **zweite**	Oktober
le **onze** novembre	– der **elfte**	November

2. Zur Angabe des Datums wird im Französischen der bestimmte Artikel ohne Präposition verwendet.
   In Verbindung mit einem Wochentag steht dieser Artikel abweichend vom Deutschen **vor** dem Wochentag. Vergleiche:
   Il arrive **le** 7 août. — Er kommt **am** 7. August an.
   Il arrive **le lundi** 7 août. — Er kommt **am** Montag, **dem** 7. August, an.
   Im Französischen steht zwischen Wochentag und Datumsangabe kein Komma.

Neu **• Die Wochentage**

1.	C'est **mardi**, aujourd'hui. **Vendredi**, je vais au cinéma. **Dimanche**, je vais au théâtre.	Heute ist **Dienstag**. (Am) (nächsten) **Freitag** gehe ich ins Kino. (Am) (nächsten) **Sonntag** gehe ich ins Theater.
2. a)	**Le lundi matin**, Sandrine a cours à 8 heures. **Le mercredi après-midi** et **le samedi**, les élèves n'ont pas classe.	**Montag morgens** hat Sandrine um 8 Uhr Unterricht. **Mittwoch nachmittags** und **samstags** haben die Schüler keinen Unterricht.
b)	Nos amis arrivent dans la semaine du 12 au 16 septembre. Ils arrivent **le jeudi**. Ils arrivent **le jeudi 15 septembre**.	Unsere Freunde kommen in der Woche vom 12. zum 16. September an. Sie kommen **an einem Donnerstag/donnerstags** an. Sie kommen **am Donnerstag, dem 15. September**, an.

1. Die Wochentage stehen **ohne** Artikel, wenn sie einen **Tag der laufenden Woche** bezeichnen.
2. Die Wochentage stehen **mit** dem bestimmten Artikel:
   a) wenn die **regelmäßige Wiederholung** ausgedrückt werden soll;
   b) wenn ein näher bestimmter Tag **außerhalb** der laufenden Woche gemeint ist.

H Beachte aber: Nos amis arrivent **mercredi dans deux semaines**. ... Mittwoch in zwei Wochen.

§ 36 Die Grundzahlen von 70 bis 99 – Les nombres cardinaux de 70 à 99

W Die Grundzahlen von 1 bis 69 werden in den §§ 17 und 22 behandelt.

▷▷

Die Zahlen von 70 bis 99 weisen einige Besonderheiten auf.

70	**soixante-dix**	80	**quatre-vingts** [katrəvɛ̃]	90	**quatre-vingt-dix**
71	**soixante et onze**	81	**quatre-vingt-un** [katrəvɛ̃ɛ̃]	91	**quatre-vingt-onze**
72	**soixante-douze**	82	**quatre-vingt-deux**	92	**quatre-vingt-douze**
73	soixante-treize	83	quatre-vingt-trois	93	quatre-vingt-treize
74	soixante-quatorze	84	quatre-vingt-quatre	94	quatre-vingt-quatorze
75	soixante-quinze	85	quatre-vingt-cinq	95	quatre-vingt-quinze
76	soixante-seize	86	quatre-vingt-six	96	quatre-vingt-seize
77	soixante-dix-sept	87	quatre-vingt-sept	97	quatre-vingt-dix-sept
78	soixante-dix-huit	88	quatre-vingt-huit	98	quatre-vingt-dix-huit
79	soixante-dix-neuf	89	quatre-vingt-neuf	99	quatre-vingt-dix-neuf

1. Bei 81 *(quatre-vingt-un)* und 91 *(quatre-vingt-onze)* werden *un* und *onze* nicht mit *et*, sondern mit Bindestrich angeschlossen.
   Vergleiche dagegen 21 *(vingt et un)*, 31 *(trente et un)*, ... 71 *(soixante et onze)*.
2. Das *-s* von *quatre-vingts* wird vor Vokal (und stummem h) im Lautbild gebunden: *quatre-vingts‿enfants* [katrəvɛ̃zɑ̃fɑ̃].
3. Das *-t* wird von *quatre-vingt* bis *quatre-vingt-dix-neuf* nicht gesprochen: *quatre-vingt-huit* [katrəvɛ̃ɥit]; aber *vingt-huit* [vɛ̃tɥit].
4. *Quatre-vingts* verliert das *-s*, wenn eine weitere Zahl folgt *(quatre-vingt-deux)*, oder wenn es hinter einem Nomen steht *(page quatre-vingt)*.

Im französischsprachigen Teil der Schweiz und Belgiens sind statt *soixante-dix* → *septante* [sɛptɑ̃t] und statt *quatre-vingt-dix* → *nonante* üblich; im französischsprachigen Teil der Schweiz außerdem statt *quatre-vingts* → *huitante*.

§ 37 Die indirekte Rede und die indirekte Frage

Le discours indirect et l'interrogation indirecte

1. Bernard dit:		«Le collège oublie les loisirs.»
Bernard dit	**que**	le collège oublie les loisirs.
Sandrine écrit:		«J' aime l'école.»
Sandrine écrit	**qu'**	elle aime l'école.

Die indirekte Rede wird mit *que* (‚daß') eingeleitet. Vor Vokal wird *que* zu *qu'* verkürzt.

2. Olivier demande à Florence: «Est-ce que		tu	es	malade?»
Olivier demande à Florence	**si**	elle	est	malade.
Florence demande à Olivier:		«Tu	téléphones	à Intermeubles?»
Florence demande à Olivier	**s'**	il	téléphone	à Intermeubles.

Die indirekte Entscheidungsfrage (vgl. § 16) wird mit *si* (‚ob') eingeleitet.
Si wird vor *il/ils* zu *s'* verkürzt (jedoch nicht vor *elle/elles)*.
In der indirekten Frage steht kein *est-ce que*.

(F/D) 1. Im Französischen stehen die Satzglieder, abweichend vom Deutschen, auch in der indirekten Rede und Frage in der **Reihenfolge Subjekt – Verb – Ergänzung.**

M. Morelié dit	**que**	les élèves	**oublient**	les livres.
M. Morelié sagt,	**daß**	die Schüler		die Bücher **vergäßen**.
M. Morelié sagt,		die Schüler	vergäßen	die Bücher.
David demande	**si**	M. Morelié	**va**	au cinéma.
David fragt,	**ob**	M. Morelié		ins Kino **gehe**.

Während im Deutschen in gepflegter Sprache in der indirekten Rede und Frage meist der Konjunktiv steht, wird im Französischen hier der **Indikativ** gebraucht.
Im Französischen steht vor *que* und *si* kein Komma.
Abweichend vom deutschen ‚daß' darf *que* in der indirekten Rede nicht weggelassen werden.

2. Wie im Deutschen stehen in indirekten Ergänzungsfragen und ihrer Beantwortung die entsprechenden Fragewörter.

Sandrine demande à Jean-Pierre:	«Où	est-ce que	tu	vas?»		
Elle lui demande	où		il	va.		… fragt, wohin …
Jean-Pierre dit à Sandrine	où		il	va.		… sagt, wohin …
Sandrine demande à Jean-Pierre:	«Avec qui	est-ce que	tu	vas	au cinéma?»	
Elle lui demande	avec qui		il	va	au cinéma.	… fragt, mit wem …
Jean-Pierre lui dit	avec qui		il	va	au cinéma.	… sagt, mit wem …

Auch hier bleibt die Reihenfolge der Satzglieder Subjekt – Verb – Ergänzung.
Vor dem Fragewort steht kein Komma.

⚠ Wird eine direkte Rede/Frage in eine indirekte umgewandelt, so wirkt sich dies meist auch auf die Pronomen, die Verbformen und die Begleiter aus. Dies ist wie im Deutschen.

Anne dit à Pascal: «Je suis d'accord avec ta proposition.»
↓ ↓ ↓
Anne dit à Pascal qu' elle est d'accord avec sa proposition.

Leçon 5

§ 38 Die direkten Objektpronomen der 3. Person

Les pronoms objets directs de la 3e personne

W **Nominale Subjekte** können durch **Subjektpronomen** *(les pronoms sujets)* vertreten werden. Die Subjektpronomen der 3. Person lauten im Singular *il* und *elle*, im Plural *ils* und *elles* (vgl. § 5).

Neu Auch **nominale Objekte** können durch **Pronomen** vertreten werden. Ihrer Funktion entsprechend nennt man diese Pronomen **Objektpronomen** *(les pronoms objets)*.

– François regarde	**le journal?**	– Oui, il Puis il	**le** **l'**	regarde. apporte à Sandrine.	**Singular Maskulinum:** **le/l'**
– François regarde	**la photo?**	– Oui, il Puis il	**la** **l'**	regarde. apporte à Anne.	**Singular Femininum:** **la/l'**
– François regarde	**les livres?**	– Oui, il Puis il	**les** **les**	regarde. apporte à Pascal.	**Plural Maskulinum und Femininum:** **les**
– François regarde	**Sandrine** et **Anne?**	– Oui, il et il	**les** **les**	regarde écoute.	

Direkte Objektpronomen der 3. Person vertreten **nominale direkte Objekte**.
Die direkten Objektpronomen der 3. Person haben die gleiche Form wie die bestimmten Artikel (vgl. § 1):

1. ***le*** vertritt eine maskuline Nominalgruppe bzw. einen maskulinen Eigennamen im Singular;
2. ***la*** vertritt eine feminine Nominalgruppe bzw. einen femininen Eigennamen im Singular;
3. ***les*** vertritt Nominalgruppen bzw. Eigennamen im Plural, gleichgültig, ob sie maskulin oder feminin sind.

Auch vor Vokal und stummem *h* verhalten sich die direkten Objektpronomen *le, la, les* wie die bestimmten Artikel: *le* und *la* werden zu *l'* verkürzt; *les* wird im Lautbild gebunden.

F/D Abweichend vom Deutschen stehen die Objektpronomen im Französischen **vor** dem Verb. (Ausnahmen: 1. vor Infinitiven, vgl. § 43; 2. nach bejahten Imperativen, vgl. § 78.)

– Tu cherches ton livre? – Oui, je **le** cherche.
Ja, ich suche **es**.

Dies gilt für alle Objektpronomen und auch für verneinte Sätze.
Die Verneinungswörter *ne … pas* umschließen die Gruppe Objektpronomen + Verb.

– Est-ce que Pascal aime le collège? – Non, il **ne l'aime pas**.

Die direkten Objektpronomen stehen auch vor *voilà*:

Où est	le journal?	Ah! **Le voilà**.
Où est	la revue?	Ah! **La voilà**.
Où sont	les prospectus?	Ah! **Les voilà**.

§ 39 Die indirekten Objektpronomen der 3. Person

Les pronoms objets indirects de la 3e personne

– Martine écrit	à	**Kerstin?**	– Oui, elle	**lui**	écrit.	**Singular Mask. und Fem.: lui**
– Martine écrit	à	**Jean-Luc?**	– Oui, elle	**lui**	écrit.	
– Jean-Luc téléphone	**aux**	**Morvandiaux?**	– Oui, il	**leur**	téléphone.	**Plural Mask. und Fem.: leur**
– Olivier téléphone	à	**ses sœurs?**	– Oui, il	**leur**	téléphone.	

Indirekte Objektpronomen der 3. Person vertreten **nominale indirekte Objekte**.
Das indirekte Objektpronomen hat in der 3. Person nur zwei Formen: ***lui*** und ***leur***.
1. ***lui*** vertritt **eine** Person (Singular), gleichgültig, ob sie maskulin oder feminin ist;
2. ***leur*** vertritt **mehrere** Personen (Plural), gleichgültig, ob sie maskulin oder feminin sind.

Wie die direkten Objektpronomen, so stehen auch die indirekten Objektpronomen in bejahten und verneinten Sätzen **vor** dem Verb (vgl. § 38).
Die Verneinungswörter umschließen wieder die Gruppe Objektpronomen + Verb (vgl. § 38).

– Martine écrit à Kerstin en allemand? – Non, elle **ne lui écrit pas** en allemand.
Nein, sie **schreibt ihr nicht** auf deutsch.

⚠ Unterscheide zwischen dem indirekten Objektpronomen *leur* und den Possessivbegleitern *leur/leurs* (vgl. § 30):

Sandrine et Jean-Pierre montrent des photos à **leurs** amis d'Ingelheim.
Ils **leur** montrent aussi **leur** journal.
Als indirektes Objektpronomen erhält *leur* nie ein *-s*.

§ 40 Die Objektpronomen der 1. und 2. Person

Les pronoms objets de la 1ère et de la 2e personne

Neu

Direktes Objektpronomen (1. und 2. Person **Singular**):				**1. und 2. Person Singular Mask. und Fem.:** me/m' te/t'
	Martine **regarde**	**Jean-Luc**.		
Jean-Luc:	Pourquoi est-ce que tu	**me**	regardes?	
Martine:	Je	**te**	regarde parce que j'aime ton costume.	
	Martine **invite**	**Kerstin**.		
Kerstin:	Tu	**m'**	invites pour quand?	
Martine:	Je	**t'**	invite pour le mois d'octobre.	
Indirektes Objektpronomen (1. und 2. Person **Singular**):				
	Jean-Luc **montre** des photos	**à M. Marchand**.		
M. Marchand:	Tu **ne**	**me**	montres **pas** tes photos du Tarn?	
Jean-Luc:	Si, Michel, je	**te**	montre aussi mes photos du Tarn.	
	Sandrine **apporte** le journal	**à Florence**.		
Florence:	Pourquoi est-ce que tu	**m'**	apportes le journal?	
Sandrine:	Je	**t'**	apporte le journal parce qu'il y a des annonces.	
Direktes Objektpronomen (1. und 2. Person **Plural**):				**1. und 2. Person Plural Mask. und Fem.:** nous vous
	Martine **regarde**	**Jean-Luc et M. Marchand**.		
J.-L. et M. M.:	Pourquoi est-ce que tu	**nous**	regardes?	
Martine:	Je	**vous**	regarde parce que j'aime vos costumes.	
Indirektes Objektpronomen (1. und 2. Person **Plural**):				
	Sandrine **apporte** le journal	**à Florence et à Jean-Luc.**		
Fl. et J.-L.:	Pourquoi est-ce que tu	**nous**	apportes le journal?	
Sandrine:	Je	**vous**	apporte le journal parce qu'il y a un article sur les Morvandiaux.	

1. In der 1. und 2. Person unterscheiden sich die direkten und indirekten Objektpronomen in der Form nicht voneinander. Sie heißen im Singular ***me, te*** und im Plural ***nous, vous***.
2. Vor Vokal (oder stummem *h*) werden *me* zu *m'* und *te* zu *t'* verkürzt; *nous* und *vous* werden im Lautbild gebunden.
3. Die Stellung der Objektpronomen der 1. und 2. Person folgt denselben Regeln wie die Stellung der Objektpronomen der 3. Person (vgl. §§ 38 und 39).

H *Vous* dient wiederum als Höflichkeitsform.
M. Morel à M. Peters: Je **vous** montre ma cave? Soll ich **Ihnen** meinen Weinkeller zeigen?

⚠ *Nous* und *vous* können sowohl Subjekt- als auch Objektpronomen sein.
Das Verb richtet sich immer nach dem Subjektpronomen.
Unterscheide: **Nous** vous montr**ons** nos photos? Sollen **wir** euch ...?
Vous nous montr**ez** vos photos? Zeigt **ihr** uns ...?

§ 41 Die Grundzahlen ab 100 – Les nombres cardinaux à partir de 100

W Die Grundzahlen von 1 bis 99 wurden in den §§ 17, 22 und 36 behandelt.

Neu Ähnlich wie die Zahlen von 70 bis 99 weisen auch die Zahlen ab 100 einige Besonderheiten auf.

100		cent	[sɑ̃]	1 000		mille	[mil]
101		cent un (une)	[sɑ̃ɛ̃, sɑ̃yn]	1 001	mille	un (une)	[milɛ̃, milyn]
120		cent vingt	[sɑ̃vɛ̃]	1 100		mille cent	
200	deux	cent**s**	[døsɑ̃]	2 000	deux	mill**e**	
201	deux	cent un (une)		2 200	deux	mille deux cents	
300	trois	cent**s**		100 000	cent	mille	
311	trois	cent onze	[trwasɑ̃õz]	1 000 000	un	millio**n**	[ɛ̃miljõ]
...				2 000 000	deux	million**s**	
999	neuf	cent quatre-vingt-dix-neuf		3 000 001	trois	million**s** un (une)	

1. Ab 200 haben die **vollen Hunderter** (200, 300, 400 usw.) im Schriftbild ein **Plural-s**: *trois cent**s** voitures.*
   Vor Vokal (oder stummem *h*) wird das Plural-s im Lautbild gebunden:
   trois cents‿ans [trwasɑ̃zɑ̃].
   Wenn ein **Zahlwort** folgt, hat *cent* jedoch **kein** ***-s***: *trois cent vingt voitures.*
   Cent hat auch dann kein *-s*, wenn es **nach** einem Nomen steht,
   z. B. bei der Angabe einer Seitenzahl: *page trois cent.*
   Die Verwendung des Plural-s bei *cent* erfolgt also wie bei *quatre-vingts* (vgl. § 36).

80:	quatre-vingt**s**	francs	**aber:** page quatre-vingt
200, 300 usw.:	deux cent**s**	francs	page trois cent
mit nachfolgendem Zahlwort:	quatre-vingt-neuf	francs	
	cinq cent un	francs	

2. ***Mille*** ist unveränderlich: es bekommt nie ein Plural-s.
3. Nach *cent* und *mille* werden *un* bzw. *une* (anders als bei Zehnern) ohne *et* angeschlossen.
   Vergleiche: vingt **et** une bouteilles
   cent une bouteilles
   mille une bouteilles
4. *Un million* ist, wie der Artikel zeigt, ein Nomen.
   Es hat deshalb im Plural immer ein *-s*.
   Ein **unmittelbar** folgendes Nomen wird mit *de* angeschlossen:
   un million de touristes
   Aber: deux millions trois cent mille livres

▷▷

H Bei **Jahreszahlen** zählt man, wie im Deutschen, die **Hunderter**. Also:
en 1431 = en **quatorze cent** trente et un
en 1648 = en **seize cent** quarante-huit
Ab ‚1700' kann man die Jahreszahlen auch mit ***mille*** bilden:
en 1980 = en **mille neuf cent** quatre-vingts/en **dix-neuf cent** quatre-vingts

F/D/E Im Französischen darf die Präposition *en* bei Jahreszahlen nicht entfallen. Vergleiche:
Französisch: en 1945
Englisch: in 1945
Deutsch: 1945 oder: im Jahre 1945

§ 42 Das Verb ‚prendre' – Le verbe ‚prendre'

Neu

Infinitiv:	**prendre** [prɑ̃dr] – nehmen						Ebenso: apprendre – lernen comprendre – verstehen
Präsens:	Singular			Plural			
	je	**prends**	[ʒəprɑ̃]	nous	**prenons**	[nuprənɔ̃]	
	tu	prend**s**	[typrɑ̃]	vous	pren**ez**	[vuprəne]	
	il	pren**d**	[ilprɑ̃]	ils	**prennent**	[ilprɛn]	
	elle	pren**d**	[ɛlprɑ̃]	elles	**prennent**	[ɛlprɛn]	
Imperativ:		Prends.	[prɑ̃]		Prenons.	[prənɔ̃]	
					Prenez.	[prəne]	

⚠ 1. *Prendre* endet zwar auf *-dre* (vgl. § 33), es wird jedoch im Plural unregelmäßig konjugiert.
2. Beachte besonders die Verdoppelung des *-n-* in der 3. Person Plural:
ils pre**nn**ent. Aber: nous pre**n**ons, vous pre**n**ez.

§ 43 Die Modalverben ‚vouloir', ‚pouvoir' und ‚savoir'

Les auxiliaires de mode ‚vouloir', ‚pouvoir' et ‚savoir'

Neu **1. Formen**

Infinitiv:	**vouloir** [vulwar] wollen	**pouvoir** [puvwar] können	**savoir** [savwar] wissen/können
Präsens:	je **veux**, tu **veux**, il **veut**, elle **veut** } [vø]	je **peux**, tu **peux**, il **peut**, elle **peut** } [pø]	je **sais**, tu **sais**, il **sait**, elle **sait** } [sɛ]
	nous **voulons** [nuvulɔ̃] vous voul**ez** [vuvule]	nous **pouvons** [nupuvɔ̃] vous pouv**ez** [vupuve]	nous **savons** [nusavɔ̃] vous sav**ez** [vusave]
	ils **veulent** [ilvœl]	ils **peuvent** [ilpœv]	ils **savent** [ilsav]

⚠ Beachte den Wechsel im Stammvokal zwischen stammbetonten und endungsbetonten Formen. Ausnahme: *ils savent.*

2. Modalverb + Infinitiv

– Martine, tes parents		savent			parler	l'allemand?
– Non, ils	ne	savent	pas		parler	l'allemand;
ils		veulent		l'	apprendre,	
mais ils	ne	peuvent	pas	l'	apprendre	à Aloxe-Corton: il n'y a pas de cours.

Die Modalverben *vouloir, pouvoir* und *savoir* können einen Infinitiv bei sich haben.
Er wird wie im Deutschen ohne Präposition angeschlossen.
Bei der Verneinung umschließen die Verneinungswörter ganz regelmäßig das konjugierte Verb, hier also die Modalverben (vgl. § 27).

⚠ Haben die Modalverben einen Infinitiv bei sich, so gilt für die Stellung der Objektpronomen eine besondere Regel. Die **Objektpronomen** stehen in diesem Fall **vor dem Infinitiv** und nicht vor dem konjugierten Verb (vgl. §§ 38, 39, 40).

Vergleiche: – Tu téléphones à ta mère?
– Non, je ne **lui** téléphone pas.
Je ne veux pas **lui** téléphoner.

§ 44 Der Gebrauch von ‚savoir' und ‚pouvoir'

L'emploi de ‚savoir' et de ‚pouvoir'

Neu: Im Deutschen kann man *savoir* und *pouvoir* oft mit ‚können' wiedergeben.
Im Französischen muß man genau unterscheiden.

Kerstin **sait** parler (le) français. Elle l'apprend au lycée.	En Bourgogne, elle **peut** parler (le) français du matin au soir.
Martine **sait** faire le vin. Elle aide souvent son père.	Aujourd'hui, elle ne **peut** pas l'aider: elle est malade.
	M. Peters demande: «M. Morel, est-ce que je **peux** entrer?»

savoir faire qc bedeutet:
etwas können, weil man es gelernt hat oder dafür begabt ist;
man weiß, wie man etwas macht:
Wissen, Fähigkeit

pouvoir faire qc bedeutet:
etwas können, weil man die Möglichkeit oder die Gelegenheit dazu hat;
weil man nicht daran gehindert wird:
Möglichkeit, Gelegenheit, Erlaubnis

F/D: Beachte besonders: Ich **kann** Französisch/französisch sprechen.
Je **sais** le français/parler (le) français.

5

§ 45 Infinitive als Verbergänzung – L'infinitif complément du verbe

W Wie im Deutschen können auch im Französischen Infinitive von anderen Verben abhängen, z. B. Kerstin **sait parler** le français. Kerstin **kann** französisch **sprechen**.
Im Französischen muß man unterscheiden zwischen dem Infinitiv **ohne Präposition** und dem Infinitiv mit den Präpositionen ***de*** oder ***à***.

Infinitiv ohne Präposition:		
Pascal n'**aime** pas **aller** au collège.	aimer faire qc	etw. gern tun
Il **aime mieux travailler** dans un restaurant.	aimer mieux faire qc	etw. lieber tun
Pendant les vacances, il **peut travailler** dans un restaurant d'Autun.	pouvoir faire qc	etw. tun können
Il **sait** déjà **faire** la cuisine (‚kochen').	savoir faire qc	etw. tun können
Il **veut quitter** l'école à la fin de la 3e.	vouloir faire qc	etw. tun wollen
Infinitiv mit ‚de'		
M. Morelié lui **demande de faire** ses devoirs.	demander à qn **de** faire qc	jdn. bitten/auffordern, etw. zu tun
Mais **cela** ne l'**intéresse** pas **de lire** des textes.	cela intéresse qn **de** faire qc	es interessiert jdn., etw. zu tun
Infinitiv mit ‚à'		
Martine **aide** son père **à vendre** le vin.	aider qn **à** faire qc	jdm. helfen, etw. zu tun
Elle **invite** Kerstin **à passer** 15 jours à Aloxe-Corton.	inviter qn **à** faire qc	jdn. einladen, etw. zu tun
Kerstin **apprend à travailler** dans les vignes.	apprendre **à** faire qc	lernen, wie man etw. tut

⚠ Beim Lernen von neuen Verben prägt man sich am besten sofort mit ein, wie das Verb einen Infinitiv anschließt: ob **ohne Präposition**, ob mit ***de*** oder mit ***à***.

H 1. Wird das konjugierte Verb verneint, so wird es von den Verneinungswörtern umschlossen. Die Objektpronomen stehen vor dem Verb, auf das sie sich beziehen (vgl. § 43).

Pascal veut quitter l'école: il **veut la quitter** à la fin de la 3e;
il **ne peut pas la quitter** tout de suite.
Souvent, M. Morelié **lui demande de faire** ses devoirs.
Mais aujourd'hui, il **ne lui demande pas de les faire**.

2. Infinitive mit *de* und *à* können nicht nur von Verben abhängen, sondern auch von Nomen, Adjektiven und Adverbien, z. B.:

une machine **à** écrire	eine Schreibmaschine
avoir le temps **de** faire qc	Zeit haben, etw. zu tun
avoir peur **de** faire qc	Angst haben, etw. zu tun
c'est un plaisir **de** faire qc	es ist ein Vergnügen, etw. zu tun
c'est bien **de** faire qc	es ist gut, etw. zu tun

§ 46 **Das ‚futur composé'** – Le ‚futur composé'

Neu

M. Morel dit à Martine:

Je	**vais**		**montrer**	la cave à M. Peters.
Tu	**vas**	m'	**aider,**	Martine.
Il	**va**		**déguster**	quelques vins.
Ensuite, nous	**allons**		**regarder**	nos vignes.
Toi, Sylvie et maman, vous n'	**allez**	pas nous	**attendre,**	
vous	**allez**		**préparer**	le dîner.
Les vignes	**vont**		**plaire**	à M. Peters, je pense.

1. Die Wendung ***aller*** **+ Infinitiv** drückt ein **zukünftiges Geschehen** aus.
   Sie wird **‚futur composé'** (‚zusammengesetzte Zukunft') genannt,
   weil sie sich aus zwei Teilen zusammensetzt: aus *aller* und dem jeweiligen Infinitiv.
2. Die Verneinungswörter umschließen das konjugierte Verb, hier also die Form von *aller*;
   die Objektpronomen stehen vor dem Infinitiv (vgl. § 43).

H

1. Die Wendung *aller* + Infinitiv kann auch wörtlich ‚etw. tun gehen' bedeuten:
   – Où est-ce que tu vas?
   – Je **vais danser**. Ich **gehe tanzen**.
2. Im Französischen kann auch das Präsens ein zukünftiges Geschehen bezeichnen, und zwar
   – wenn eine zukünftige Handlung fest beabsichtigt ist und unmittelbar bevorsteht:
   M. Morel: La grêle va me casser les vignes.
   Je **retourne** dans le vignoble.
   Martine: Je **vais** avec toi.
   – wenn die Zukunft bereits durch eine adverbiale Bestimmung ausgedrückt ist:
   – Qu'est-ce que tu **fais demain**? Was machst du morgen?
   – **Demain,** je **vais** à Beaune. Morgen fahre ich nach Beaune.
   Um ein zukünftiges Geschehen auszudrücken, wird jedoch im Französischen das Präsens weniger häufig als im Deutschen verwendet.

Leçon 6

§ 47 Der Plural des unbestimmten Artikels und der Teilungsartikel

Le pluriel de l'article indéfini et l'article partitif

W Der **Plural des unbestimmten Artikels** ist bereits bekannt (vgl. § 3). (des)
Er steht bei **zählbaren** Dingen und bezeichnet eine **unbestimmte Anzahl** davon:
Mme Leroux apporte **des assiettes** et **des verres**.
Mme Leroux bringt Teller und Gläser.

Neu Der Plural des unbestimmten Artikels und der Teilungsartikel sind einander in Form und Funktion sehr ähnlich.

1. Form und Funktion

Pour faire une tarte au citron,

on prend	**des**	œufs,	= **Plural des unbestimmten Artikels: des**
	de la	farine,	= **Teilungsartikel: de la / du / de l'**
	du	sucre,	
	de l'	eau, etc.	

Form: Der Plural des unbestimmten Artikels und der Teilungsartikel sind beide aus ***de*** **+ bestimmtem Artikel** gebildet (vgl. auch § 24).
Funktion: Sowohl der Plural des unbestimmten Artikels als auch der Teilungsartikel drücken etwas **Unbestimmtes** aus.
Der **Plural des unbestimmten Artikels** bezeichnet eine **unbestimmte Anzahl zählbarer Dinge**.
Der **Teilungsartikel** bezeichnet eine **unbestimmte Menge** von **Nicht-Zählbarem**, z. B. von Stoffen: *de la farine, du sucre, du beurre, de l'eau, du vin* usw.

– Qu'est-ce que tu fais le mercredi? Tu fais **du sport**?	– Was machst du mittwochs? Treibst du Sport?
– Je fais **de la danse folklorique**. Et j'écoute **de la musique**.	– Ich mache Volkstanz. Und ich höre Musik.
– Est-ce qu'il y a encore **de la place** ici?	– Ist hier noch Platz?
– Oui, nous avons encore **de la place**.	– Ja, wir haben noch Platz.

Zum Bereich des Nicht-Zählbaren gehören auch **abstrakte Begriffe**.
Sie stehen deshalb ebenfalls mit dem **Teilungsartikel**: *du sport, de la musique, de la place* usw.

F/D Wo im Französischen der Plural des unbestimmten Artikels und der Teilungsartikel steht, erscheint im Deutschen kein Artikel.

Voilà **des** boissons: **de la** bière et **du** vin.
Da sind Getränke: Bier und Wein.

H 1. Es gibt andererseits Fälle, in denen im Deutschen kein Artikel, im Französischen aber der bestimmte Artikel steht.

Les chiens aiment jouer. — **La tarte au citron** est un dessert.
Hunde spielen gern. — **Zitronenkuchen** ist ein Nachtisch.
Je n'**aime** pas **le vin**, je **préfère l'eau**.
Ich mag **Wein** nicht, ich ziehe **Wasser** vor.

Der bestimmte Artikel hat hier eine verallgemeinernde Funktion:
er drückt aus, daß es um die Gattung (‚Hunde allgemein') oder um die Stoffart (‚Zitronenkuchen an sich') geht.
In dieser Funktion steht der bestimmte Artikel immer bei *aimer* und *préférer* zum Ausdruck einer allgemeinen Vorliebe oder Abneigung.

2. Nach *sans* steht kein Teilungsartikel, wohl aber nach *avec*:
On fait la crème **sans sel**, mais **avec du sucre**.

2. Der Gebrauch im Text

Pour faire la pâte, Martine prend **de la** farine, **du** sel, **de l'**eau et **des** œufs. Elle mélange **la** farine, **le** sel, **l'**eau et **les** œufs.	Um den Teig zu machen, nimmt Martine Mehl, Salz, Wasser und Eier. Sie vermengt das Mehl, das Salz, das Wasser und die Eier.
Martine: Jean-Luc, tu me donnes **le** sucre, là, sur la table?	*Martine:* Jean-Luc, gibst du mir den Zucker dort auf dem Tisch?

Nomen, die in einem Text mit dem unbestimmten Artikel oder dem Teilungsartikel eingeführt werden, werden in der Folge mit dem bestimmten Artikel wiederaufgegriffen.
Sie drücken dann nichts Unbestimmtes mehr aus.
Wenn ein Nomen schon durch die Situation bestimmt ist, wird es gleich mit dem bestimmten Artikel eingeführt.

§ 48 Partitives ‚de' nach Mengenausdrücken

Le ‚de' partitif après les expressions de quantité

W Eine **unbestimmte** Menge oder Anzahl wird mit dem **unbestimmten Artikel Plural** *(des)* oder dem **Teilungsartikel** *(du, de la, de l')* bezeichnet (vgl. § 47).

Eine Menge kann mit einem **Mengenausdruck** näher **bestimmt** werden.
Einige Mengenausdrücke sind in den Texten schon vorgekommen:
un groupe d'(élèves), combien de (jeunes), pas de (filles). Vergleiche § 28.

▷▷

6

Neu

– Pour faire une tarte au citron, tu prends				
1. 160 **grammes**	**de**	farine,	}	**Nominalgruppen**
3 **cuillères**	**de**	sucre,		(Mengennomen)
2. **beaucoup**	**de**	lait,	}	**Mengenadverbien**
peu	**d'**	eau …		
3. – On n'a **pas**	**de**	lait, et on n'a	}	**Verneinungsadverbien**
plus	**de**	farine.		

Nach einem **Mengenausdruck** steht ***de*** **+ Nomen ohne Artikel**.

Mengenausdrücke, nach denen das folgende Nomen nur mit *de* angeschlossen wird, können sein:

1. Nominalgruppen, z. B.

une boîte (de …)	un kilo (de …)	un plateau (de …)
une bouteille (de …)	un litre (de …)	un quart (de …)
une cuillère (de …)	un million (de …)	une tasse (de …)
un groupe (de …)	un morceau (de …)	u. a.

2. Mengenadverbien, z. B.

assez (de …)	combien (de …)	trop (de …)
beaucoup (de …)	peu (de …)	u. a.

3. Verneinungsadverbien

ne … pas (de …)	ne … plus (de …)	u. a.

(Verneinungsadverbien drücken die Nullmenge aus.)

⚠

1. Nach Mengenausdrücken stehen zählbare Dinge im Plural. Vergleiche:
   beaucoup d'œuf**s** (zählbar)
   beaucoup de lait (nicht zählbar)
2. Unterscheide zwischen Teilungsartikel und partitivem *de*:

Pour faire des crêpes,	Pour six personnes,
on prend	il faut
de la farine,	**200 grammes de** farine,
du beurre,	**100 grammes de** beurre,
de l'eau, …	**un verre d'**eau, …

§ 49 Falloir: Il (me) faut qc/Il (me) faut faire qc

Neu Die Grundbedeutung von *il faut* ist: ‚es ist nötig'/‚es ist erforderlich'.

• ‚Il faut' mit Nominalgruppen

1. – Qu'est-ce qu'il		faut comme boissons pour la fête?		
Il		**faut** du vin, de la limonade et de l'eau minérale.		Man braucht .../Man muß ... haben.
2. – Qu'est-ce qu'**il**	**te**	**faut**?		Was brauchst du?
– **Il**	**me**	**faut** un parapluie.		Ich brauche ...
– Qu'est-ce qu'**il**		**faut**	**à Michel**?	Was braucht Michel?
– **Il**	**lui**	**faut** une machine à écrire.		Er braucht ...
– Qu'est-ce qu'**il**		**faut**	**à Bernard et à Anne**?	Was brauchen Bernard und Anne?
– **Il**	**leur**	**faut** des livres.		Sie brauchen ...

1. *Il faut* kann eine **Nominalgruppe** bei sich haben.
   Dann bedeutet es ‚man braucht (etwas)', ‚man muß (etwas) haben'.
2. Die Personen, die etwas brauchen, können zusätzlich in der Form eines **indirekten Objekts** genannt werden.
   Der unpersönliche Ausdruck *il faut* wird dann im Deutschen persönlich wiedergegeben: ‚**ich** brauche', ‚**du** brauchst', ‚**Michel** braucht' usw.

• ‚Il faut' mit Infinitivgruppen

1. Pour faire un «Kir», **il faut mélanger** du vin blanc avec de la crème de cassis.	... muß man ...
2. Martine, } **il faut travailler**.	... du mußt ...
Martine et Sylvie, } **il faut travailler**.	... ihr müßt ...
– Tu restes encore quelques minutes?	
– Non, **il me faut rentrer** maintenant.	... ich muß ...
Il nous faut préparer le dîner.	... wir müssen ...

1. *Il faut* kann eine **Infinitivgruppe** bei sich haben.
   Als allgemeine Feststellung bedeutet es ‚man muß (etwas) tun'.
2. Handelt es sich um eine Aufforderung, die sich an bestimmte Personen richtet, so kann die gemeinte Person wiederum als indirektes Objekt ausgedrückt werden. Dies ist jedoch nur nötig, wenn sich die gemeinte Person nicht aus dem Zusammenhang ergibt.

H Im verneinten Satz kann ‚il faut' je nach dem Zusammenhang bedeuten:
1. ‚nicht müssen'/‚nicht brauchen' oder 2. ‚nicht dürfen'.

1. Je vais au lit. **Il ne me faut pas terminer** le devoir aujourd'hui. ... muß nicht/brauche nicht ...
2. A la cantine, **il ne faut pas crier.** ... darf man nicht ...

§ 50 Das Verb ‚mettre' – Le verbe ‚mettre'

W Bei vielen Verben auf *-re* unterscheidet sich der Singular- vom Pluralstamm, und zwar im Schriftbild und im Lautbild (vgl. § 32).

j'**écri**s	nous **écriv**ons	je **lis**	nous **lis**ons
[ekri]	[ekriv-]	[li]	[liz-]

Neu Dies gilt auch für das Verb *mettre*.

Infinitiv:	**mettre** [mɛtr] – setzen, stellen, legen					
Präsens:	Singular			Plural		
	je	**mets**	[ʒəmɛ]	nous	**mettons**	[numɛtõ]
	tu	mets	[tymɛ]	vous	mett**ez**	[vumɛte]
	il	met	[ilmɛ]	ils	**mettent**	[ilmɛt]
	elle	met	[ɛlmɛ]	elles	**mettent**	[ɛlmɛt]
Imperativ:		Mets …	[mɛ]		Mettons …	[mɛtõ]
					Mettez …	[mɛte]
Stämme:		**met-**	[mɛ]		**mett-**	[mɛt-]

§ 51 Die Verben ‚acheter', ‚appeler', ‚préférer' und ‚payer'

Les verbes ‚acheter', ‚appeler', ‚préférer' et ‚payer'

Neu Bei einigen Verben auf *-er* (vgl. § 10) gibt es zwischen den endungsbetonten und den stammbetonten Formen einen Wechsel in Laut- und Schriftbild.

Endungsbetont:	ach**e**ter	[aʃte]	app **e** ler	[aple]	préf**é**rer	[prefere]
Stammbetont:	j'ach**è**te tu ach**è**tes il ach**è**te	[aʃɛt]	j'app**ell**e tu app**ell**es il app**ell**e	[apɛl]	je préf**è**re tu préf**è**res il préf**è**re	[prefɛr]
Endungsbetont:	nous ach**e**tons vous ach**e**tez	[aʃtõ] [aʃte]	nous app **el** ons vous app **el** ez	[aplõ] [aple]	nous préf**é**rons vous préf**é**rez	[preferõ] [prefere]
Stammbetont:	ils ach**è**tent	[aʃɛt]	ils app**ell**ent	[apɛl]	ils préf**è**rent	[prefɛr]

Endungsbetont:	pa**y**er	[peje]
Stammbetont:	je pa **i** e tu pa **i** es il pa **i** e	[pɛ]
Endungsbetont:	nous pa**y**ons vous pa**y**ez	[pejõ] [peje]
Stammbetont:	ils pa **i** ent	[pɛ]

H
1. Wie *préférer* wird *compléter* konjugiert: je compl**è**te [ɛ], nous compl**é**tons [e].
2. Bei den stammbetonten Formen von *payer* findet man auch die Schreibung mit -y-, z. B. je pa**y**e [pɛj].
3. Wie *aimer* schließt *préférer* einen Infinitiv ohne Präposition an: Je **préfère boire** de l'eau.

⚠ Zum Ausdruck einer allgemeinen Vorliebe oder Abneigung steht nach *préférer* wie nach *aimer* der bestimmte Artikel (vgl. § 47):
Je n'**aime** pas **le** vin, je **préfère l'**eau.

§ 52 Das Verb ‚boire' – Le verbe ‚boire'

Neu

Infinitiv:	**boire** [bwar] – trinken	
	Stammbetont	Endungsbetont
Präsens:	je **bois** tu **bois** il **boit** elle **boit** } [bwa]	
		nous **buv**ons [byvõ] vous **buv**ez [byve]
	ils **boiv**ent elles **boiv**ent } [bwav]	
Imperativ:	Bois. [bwa]	Buvons. [byvõ] Buvez. [byve]

Auch das Verb *boire* zeigt einen Vokalwechsel zwischen stamm- und endungsbetonten Formen (vgl. §§ 43, 51).
Als Verb auf *-re* hat es die Personalendungen *-s, -s, -t, -ons, -ez, -ent*.

§ 53 Die Verben auf ‚-ger' und auf ‚-cer' – Les verbes en ‚-ger' et en ‚-cer'

Neu

Die Verben auf *-ger* und *-cer* weisen im Schriftbild der 1. Person Plural Präsens (sowie im entsprechenden Imperativ) eine Besonderheit auf.

man **ge** r je man **ge** il man **ge** nous man **geo** ns ils man **ge** nt } [ʒ]	Ebenso: corriger mélanger	commen **ce** r je commen **ce** il commen **ce** nous commen **ço** ns ils commen **ce** nt } [s]	

g wird vor **-*e*, -*i*, -*y*** immer [ʒ] ausgesprochen:
z. B. *l'âge* [laʒ], *l'orangina* [lɔrɑ̃ʒina],
la gymnastique [laʒimnastik].
g wird vor **-*a*, -*o*, -*u*** immer [g] ausgesprochen:
z. B. un garçon [ɛ̃garsõ], un escargot [ɛ̃nɛskargo], déguster [degyste].

Die Schreibung *-ge-* vor *-a, -o, -u* (wie in *man**ge**ons*) kennzeichnet die Aussprache [ʒ].

c wird vor **-*e*, -*i*, -*y*** immer [s] ausgesprochen:
z. B. *ce* [sə], *merci* [mɛrsi].
c wird vor **-*a*, -*o*, -*u*** immer [k] ausgesprochen:
z. B. le café [ləkafe], une école [ynekɔl],
la charcuterie [laʃarkytri].

Die Schreibung *-ç- (= c cédille)* vor *-a, -o, -u* (wie in *commen**ç**ons*) kennzeichnet die Aussprache [s].

6

§ 54 Das Adverbialpronomen ‚en' (I) – Le pronom adverbial ‚en'

Neu

• **Funktion**

Wie die Objektpronomen (vgl. §§ 38, 39, 40) vertritt das Adverbialpronomen ***en*** nominale Ergänzungen. Die Grundbedeutung von *en* ist: ‚davon'.
Die nominalen Ergänzungen, die durch *en* vertreten werden, können in den folgenden Formen auftreten:

1. – Pour faire une tarte au citron, on prend	**des** œufs?	– Oui, on **en** prend.	… welche
	de la farine?	– Oui, on **en** prend.	… welches
	du sucre?	– Oui, on **en** prend.	… welchen
	de l' eau?	– Oui, on **en** prend.	… welches

En vertritt in diesen Beispielen nominale **Ergänzungen**, die mit dem **unbestimmten Artikel Plural** oder dem **Teilungsartikel** eingeleitet werden (vgl. § 47).

H Auch abstrakte Begriffe, die mit dem Teilungsartikel stehen, werden durch *en* vertreten.
– Tu fais **du sport**? – Oui, j'**en** fais.

2. – Pour faire une tarte au citron, il faut **beaucoup**	**de farine**?	– Oui, il **en**	faut **beaucoup**;
		il **en**	faut **160 grammes.**
Il faut **un litre**	**de lait**?	– Non, il **en**	faut **un quart de litre**.
Il faut **deux**	**œufs**?	– Non, il **en**	faut **trois**.
– Tu as **un**	**canoë**?	– Oui, j' **en**	ai **un**.
– Et toi?		– Je n' **en**	ai pas.

Besteht die nominale **Ergänzung** aus **‚Mengenausdruck** + *de* + Nomen' (vgl. § 48), so vertritt *en* den Teil ‚*de* + Nomen'.
Besteht die nominale **Ergänzung** aus ‚**Zahlwort** + Nomen', so vertritt *en* das Nomen.
Das Mengenwort (Mengennomen, z. B. *un litre*, Mengenadverb, z. B. *beaucoup*) bzw. das Zahlwort wird wieder aufgegriffen oder durch ein anderes Mengenwort bzw. Zahlwort ersetzt.
Un oder *une* werden nur im bejahten Satz wieder aufgegriffen.

3. – Est-ce que Jean-Luc **parle**	**de ses problèmes**?	– Oui, il **en** parle.	parler **de** qc
– Est-ce que Martine et M. Morel **discutent**	**du vin de 1988**?	– Oui, ils **en** discutent.	discuter **de** qc

Schließt ein Verb seine nominale Ergänzung mit der Präposition *de* an, so kann *en* im Folgesatz diese nominale Ergänzung mit *de* vertreten. (Diese Funktion von *en* wird in der nächsten Lektion ausführlicher behandelt.)

• Stellung

– Nous avons encore du sucre?
– Non, nous **n'** **en** avons **plus**.
– Tu **ne** veux **pas** **en** acheter?
– Si, je vais **en** acheter tout de suite.

Die Stellung des Adverbialpronomens *en* folgt denselben Regeln wie die Stellung der Objektpronomen (vgl. §§ 38–40).
En steht vor dem konjugierten Verb bzw. vor dem Infinitiv.
Die Verneinungswörter umschließen das konjugierte Verb.

H Wird *en* mit der Wendung *il y a* verbunden, so steht *y* vor *en*.
Il y a encore du fromage? – Non, il n'**y en** a plus.

F/D Besonders zu beachten ist der Gebrauch von *en* in Verbindung mit Mengen- und Zahlwörtern. *En* hat hier im Deutschen keine Entsprechung, so daß man es leicht vergißt.

– Tu as combien de livres?
– Beaucoup. /J' **en** ai beaucoup – Cent. /J' **en** ai cent.
Viele. /Ich habe viele. Hundert. /Ich habe hundert.

⚠ Unterscheide zwischen dem Adverbialpronomen *en* und den Objektpronomen.

– Tu as **un journal**?	– Tu as **le journal**?
– Oui, j' **en** ai un.	– Oui, je **l'** ai.
– Il y a **des annonces**?	– Tu lis **les annonces**?
– Oui, il y **en** a.	– Oui, je **les** lis.

Leçon 7

§ 55 Das Adjektiv (Übersicht) – L'adjectif (vue d'ensemble)

F/D 1. Wie im Deutschen kann im Französischen das Adjektiv direkt beim Nomen stehen oder durch ein Verb (meist *être*) mit seinem Beziehungswort verbunden sein.

Antoine boit un **bon café**. Le café **est bon**.

Antoine trinkt einen **guten Kaffee**. Der Kaffee **ist gut**.

Steht das Adjektiv beim Nomen, nennt man es **attributives** Adjektiv *(adjectif épithète)*. Wird es durch ein Verb mit seinem Beziehungswort verbunden, nennt man es **prädikatives** Adjektiv. (Achtung: Die französische Bezeichnung ist hier *adjectif attribut*!) ▷▷

2. Im Unterschied zum Deutschen gibt es im Französischen attributive Adjektive, die **nach dem Nomen** stehen, auf das sie sich beziehen.

Mme Lassalle n'est pas une **femme riche**.
Frau Lassalle ist keine **reiche Frau**. Vgl. § 56.

3. Wie im Deutschen sind im Französischen die Adjektive veränderlich. Sie richten sich in **Genus** und **Numerus** nach ihrem Beziehungswort.

un petit garçon	ein klein**er** Junge		
un**e** petit**e** fille	ein klein**es** Mädchen		
deux petit**s** garçons	zwei klein**e** Jungen		
deux petit**es** filles	zwei klein**e** Mädchen	Vgl. § 57.	

4. Im Unterschied zum Deutschen richten sich im Französischen die Adjektive nicht nur in attributiver, sondern **auch in prädikativer Funktion** nach ihrem Beziehungswort.

Pierre est **petit**. — Pierre ist } **klein**.
Anne est **petite**. — Anne ist }

– Comment est-ce que tu trouves **le pain**? – Je **le** trouve **bon**. — Ich finde es } **gut**.
– Et **la limonade**? – Je **la** trouve **bonne**. — Ich finde sie }

F/L Vergleiche mit dem Lateinischen: puer**i** parv**i** sunt.
puell**ae** parv**ae** sunt.

H Bezieht sich ein Adjektiv auf mehrere Nomen verschiedenen Geschlechts, so steht das Adjektiv im Maskulinum Plural: Les garçons et les filles sont content**s**.

§ 56 Die Stellung des attributiven Adjektivs

La place de l'adjectif épithète

Neu

1. une *maison* **blanche**	une *voiture* **allemande**	une *vue* **magnifique**
la *mer* **bleue**	une *paysanne* **provençale**	un *cours* **intéressant**
2. une **petite** *maison*	une **mauvaise** *idée*	une **jolie** *fille*
un **grand** *chien*	un **bon** *café*	un **jeune** *homme*

1. Die **meisten** Adjektive stehen **nach** dem Nomen, auf das sie sich beziehen.
2. **Vor** dem Nomen stehen nur **wenige** Adjektive.
   Die folgenden sind bisher bekannt: *grand, petit, bon, mauvais, joli, jeune.*

H 1. Einige Adjektive ändern ihre Bedeutung je nachdem, ob sie vor oder nach dem Nomen stehen. Dazu gehören u. a. *cher* und *dernier.*

Cher *Marcel*, …	une *voiture* **chère**	le **dernier** *cours*	l'*an* **dernier**
Lieber Marcel, …	ein **teurer** Wagen	die **letzte** Stunde (z. B. vor den Ferien)	**voriges** Jahr

Prochain wird in Verbindung mit *semaine, mois* und *an* nachgestellt:
la *semaine* **prochaine**, le *mois* **prochain**, l'*an* **prochain**; aber: la **prochaine** *fois*.

2. Steht das Adjektiv vor einem Nomen im Plural, ist eine weitere Besonderheit zu beachten.
Vor ‚Adjektiv + Nomen im Plural' steht
– in der **Umgangssprache** häufig ***des***: – Dis donc, ce sont **des** bonnes photos!
– in der **Schriftsprache** zumeist ***de***: Marcel fait **de** bonnes photos.
Wenn ‚Adjektiv + Nomen im Plural' einen **festen** Begriff bilden, steht jedoch auch in der Schriftsprache *des*:
des petites cuillères: Kaffeelöffel; **des** grands magasins: Kaufhäuser;
des jeunes filles: Mädchen; **des** jeunes gens: Jugendliche.

§ 57 Die Formen des Adjektivs: Maskulinum und Femininum

Les formes de l'adjectif: le masculin et le féminin

Neu Gruppe 1: Adjektive mit nur ‚einer' Singularform in Schriftbild und Lautbild

	Schriftbild	Lautbild	Ebenso:		
un appartement **une** maison	**moderne**	[mɔdɛrn]	folklorique formidable horrible jaune	jeune magnifique riche rouge	triste u. a.
un garçon **une** fille	**malade**	[malad]			

Viele Adjektive haben nur **eine** Singularform für Maskulinum und Femininum.
Diese Adjektive enden im Schriftbild fast immer auf *-e*.

Gruppe 2: Adjektive mit ‚zwei' Singularformen im Schriftbild, aber nur ‚einer' Form im Lautbild

	Schriftbild	Lautbild	Ebenso:		
le ciel	bleu	[blø]	cher, chère demi, demie joli, jolie	provençal, provençale seul, seule vrai, vraie	u. a.
la mer	bleue				
un café	noir	[nwar]			
une poêle	noire				

Bei dieser Gruppe endet im **Schriftbild** die **feminine** Form auf *-e*,
die maskuline Form auf einen anderen Buchstaben.
Im **Lautbild** haben Maskulinum und Femininum nur **eine** Form.

⚠ Achte auf den *accent grave* beim Femininum *chère*.

▷▷

Gruppe 3: Adjektive mit ‚zwei' Singularformen im Schriftbild und im Lautbild

	Schriftbild	Lautbild	Ebenso:	
un garçon	allemand	[almɑ̃]	chaud, chaude	important, importante
une fille	allemand**e**	[almɑ̃d̲]	froid, froide	intéressant, intéressante
un arbre	vert	[vɛr]	grand, grande	mort, morte
une boîte	vert**e**	[vɛrt̲]	laid, laide	petit, petite
un restaurant	français	[frɑ̃sɛ]	content, contente	mauvais, mauvaise
une voiture	français**e**	[frɑ̃sɛz̲]		

Auch bei diesen Adjektiven endet im Schriftbild die feminine Form auf *-e*.
Sie haben jedoch im **Lautbild** ebenfalls **zwei** Formen:
Der Endkonsonant bleibt im Maskulinum stumm, im Femininum ist er hörbar.

⚠ Stehen *grand, petit* und *mauvais* vor maskulinen Nomen, die mit Vokal oder stummem *h* beginnen, wird der Endkonsonant gebunden.
un grand appartement [ɛ̃grɑ̃t̲apartəmɑ̃] (Das *-d* von *grand* wird als [t] gesprochen.)
un petit appartement [ɛ̃pətit̲apartəmɑ̃]
un mauvais élève [ɛ̃movɛz̲elɛv]

Sonderformen der Gruppe 3:

un immeuble une mobylette	blan**c** blan**che**	[blɑ̃] [blɑ̃ʃ]	
un homme une femme	heureu**x** heureu**se**	[hørø] [høroz]	Adjektive auf *-eux* enden im Femininum auf *-euse*.
le prochain le prochain la prochaine un bon un bon une bo**nne**	cours anniversaire fois vin ami copine	[prɔʃɛ̃] [prɔʃɛnaniversɛr] [proʃɛn] [bõ] [bɔnami] [bɔn]	Der Vokal wird hier im Femininum und und vor maskulinen Nomen, die mit Vokal oder stummem *h* beginnen, ‚entnasaliert'. Aber: l'an prochain [lɑ̃prɔʃɛ̃]
le premier le premier la première	jour étage semaine	[prəmje] [prəmjɛretaʒ] [prəmjɛr]	Vor maskulinen Nomen, die mit Vokal oder stummem *h* beginnen, steht hier im Lautbild die feminine Form. Ebenso: *dernier, dernière*.

⚠ Beim Lernen sollte man sich bei jedem Adjektiv immer die maskuline und die feminine Form zusammen einprägen.

§ 58 Die Formen des Adjektivs: Singular und Plural

Les formes de l'adjectif: le singulier et le pluriel

Neu

	Maskulinum	Schriftbild	Lautbild	Femininum	Schriftbild	Lautbild
1.	un appartement des appartement**s**	moderne moderne**s**	[mɔdɛrn]	une maison des maison**s**	moderne moderne**s**	[mɔdɛrn]
	un café des café**s**	noir noir**s**	[nwar]	une poêle des poêle**s**	noire noire**s**	[nwar]
	un arbre des arbre**s**	vert vert**s**	[vɛr]	une boîte des boîte**s**	verte verte**s**	[vɛrt]
	un immeuble des immeuble**s**	blanc blanc**s**	[blɑ̃]	une mobylette des mobylette**s**	blanche blanche**s**	[blɑ̃ʃ]
2.	un père des père**s**	heureux heureu**x**	[hørø]	une mère des mère**s**	heureuse heureuse**s**	[hørøz]
	un de	mauvais concert mauvais concert**s**	[mɔvɛ]	une de	mauvaise élève mauvaise**s** élève**s**	[mɔvɛz]
3.	un paysan des paysan**s**	provenç**al** provenç**aux**	[prɔvɑ̃sal] [prɔvɑ̃so]	la tradition les tradition**s**	provenç**ale** provenç**ales**	[prɔvɑ̃sal]

1. Der Plural der meisten Adjektive wird im Schriftbild durch ein *-s* gekennzeichnet.
   Bei diesen Adjektiven gibt es im Lautbild keinen Unterschied zwischen Singular und Plural.
2. Adjektive, die im Singular Maskulinum auf *-s* oder *-x* enden,
   erhalten im Plural Maskulinum keine Pluralmarkierung.
3. Adjektive, die im Singular Maskulinum auf *-al* enden,
   enden im Plural Maskulinum meist auf *-aux* [-o], im Plural Femininum immer auf *-ales* [-al].

⚠ Beachte die Bindung bei Adjektiven, die vor Nomen stehen, die mit Vokal oder stummem *h* beginnen:

un grand‿appartement	[ɛ̃grɑ̃tapartəmɑ̃]	une grande‿église	[yngrɑ̃degliz]
de grands‿appartements	[dəgrɑ̃zapartəmɑ̃]	de grandes‿églises	[dəgrɑ̃dzegliz]
un petit‿hôtel	[ɛ̃pətitotɛl]	une petite‿histoire	[ynpətitistwar]
de petits‿hôtels	[dəpətizotɛl]	de petites‿histoires	[dəpətitzistwar]
un bon‿élève	[ɛ̃bɔnelɛv]	une bonne‿élève	[ynbɔnelɛv]
de bons‿élèves	[dəbɔ̃zelɛv]	de bonnes‿élèves	[dəbɔnzelɛv]

H

1. Der Begleiter *même* verändert sich wie ein Adjektiv:

le même garçon	les mêmes garçons	la même fille	les mêmes filles
derselbe Junge	dieselben Jungen	dasselbe Mädchen	dieselben Mädchen

2. Beachte *demi*: Vorangestellt: un **demi**-litre, deux **demi**-litres, une **demi**-heure, deux **demi**-heures
   Nachgestellt: un litre et **demi**, deux litres et **demi**, une heure et **demie**, deux heures et **demie**
3. Einige wenige Adjektive sind ganz unveränderlich, z. B. *super*: Ses photos sont super.

§ 59 Die Verben auf ‚-ir' – Les verbes en ‚-ir'

W Bisher wurden zwei Verbgruppen mit regelmäßiger Bildung behandelt:

1. die Verben auf *-er* (vgl. §§ 10, 11):
   je regarde, tu regardes, il regarde, nous regardons, vous regardez, ils regardent;
   Imperativ: Regarde. Regardons. Regardez.
2. die Verben auf *-dre* (vgl. § 33):
   je réponds, tu réponds, il répond, nous répondons, vous répondez, ils répondent;
   Imperativ: Réponds. Répondons. Répondez.

Neu Auch unter den Verben auf *-ir* gibt es solche mit regelmäßiger Bildung.
Man unterscheidet zwei Gruppen. Beide Gruppen haben **zwei Präsensstämme**.

1. Die Gruppe ‚finir'

Infinitiv:	**finir** [finir] – beenden					
Präsens:	Singular			Plural		
	je	**finis**	[fini]	nous	**finissons**	[finisõ]
	tu	finis	[fini]	vous	fini**ss**ez	[finise]
	il	finit	[fini]	ils	fini**ss**ent	[finis]
	elle	finit	[fini]	elles	fini**ss**ent	[finis]
Imperativ:		Finis.	[fini]		Finissons. Finissez.	[finisõ] [finise]
Stämme:		**fini-**	[fini]		**finiss-**	[finis-]

Ebenso die meisten regelmäßigen Verben auf *-ir*,
z. B. **choisir** ‚auswählen': je choisis, nous choisissons, ils choisissent;
réfléchir ‚überlegen': je réfléchis, nous réfléchissons, ils réfléchissent.

H Diese Verben werden üblicherweise ‚Verben auf *-ir* mit **Stammerweiterung im Plural**' genannt. (Der Pluralstamm ist im Vergleich zum Infinitiv- bzw. Singularstamm erweitert.)

2. Die Gruppe ‚sortir'

Infinitiv:	**sortir** [sɔrtir] – hinausgehen					
Präsens:	Singular			Plural		
	je	**sors**	[sɔr]	nous	**sortons**	[sɔrtõ]
	tu	sor**s**	[sɔr]	vous	sort**ez**	[sɔrte]
	il	sor**t**	[sɔr]	ils	**sortent**	[sɔrt]
	elle	sor**t**	[sɔr]	elles	**sortent**	[sɔrt]
Imperativ:		Sors.	[sɔr]		Sortons. Sortez.	[sɔrtõ] [sɔrte]
Stämme:		**sor-**	[sɔr]		**sort-**	[sɔrt-]

Ebenso:				
partir ‚weggehen/-fahren':		je pars	nous partons	ils partent
sentir ‚riechen/fühlen':		je sens	nous sentons	ils sentent
dormir ‚schlafen':		je dors	nous dormons	ils dorment
servir ‚servieren'/,(be)dienen':		je sers	nous servons	ils servent

H Diese Verben werden üblicherweise ‚Verben auf *-ir* mit **Stammverkürzung im Singular**' genannt. (Der Singularstamm ist im Vergleich zum Infinitiv- und Pluralstamm verkürzt.)

⚠ *Ouvrir* und *offrir* enden auch auf *-ir*.
Sie werden jedoch im Präsens wie die Verben auf *-er* konjugiert.

§ 60 Die unverbundenen Personalpronomen der 3. Person

Les pronoms personnels disjoints de la 3e personne

W Im § 9 wurden die unverbundenen Personalpronomen der 1. und 2. Person behandelt. Jetzt folgt die 3. Person dieser Pronomen.

Neu • **Formen**

Die Formen der unverbundenen Personalpronomen lauten vollständig:

	1. Person	2. Person	3. Person	
			Maskulinum	Femininum
Singular	**moi**	**toi**	**lui**	**elle**
Plural	**nous**	**vous**	**eux** [ø]	**elles**

• **Gebrauch** (vgl. § 9)

1. – Florence est d'Autun. Et Olivier?	– **Lui** aussi.
2. – Antoine et Marcel vont chez Estelle et Nadine. Et Jean-Luc?	– Il va aussi **chez elles**.
3. – Nadine, tu vas faire du ski avec Antoine, à Pâques?	– Non, avec Estelle. Antoine, **lui**, n'a pas le temps.
4. – A qui est la voiture? A M. et Mme Morénas?	– Non, elle n'est pas **à eux**.
5. – Ça sonne. Nadine, tu ouvres la porte, s'il te plaît? Je pense que ce sont Antoine et Marcel.	– Oui, **c'est/ce sont eux**.

▷▷

Die unverbundenen Personalpronomen werden gebraucht:
1. in Sätzen ohne Verb;
2. nach Präpositionen;
3. in Sätzen mit Verb zur Hervorhebung von Personen;
4. mit *être à* zum Ausdruck eines Besitzverhältnisses;
5. nach *c'est/ce sont*. Während in Verbindung mit *nous* und *vous* nur die Singularform *c'est* steht, ist in Verbindung mit *eux* und *elles* auch die Pluralform *ce sont* möglich: C'est nous. C'est vous. **Aber:** C'est/Ce sont eux. C'est/Ce sont elles.

H

1. Nach einigen wenigen Verben wird das indirekte Personenobjekt nicht durch das indirekte verbundene Objektpronomen (vgl. § 39) vertreten, sondern durch das unverbundene Personalpronomen. Von diesen Verben ist bisher *penser* bekannt. Vergleiche:

– Tu **penses** souvent **à Martine**?	– Tu **téléphones** souvent **à Martine**?
– Oui, je **pense** souvent **à elle**.	– Oui, je **lui téléphone** souvent.

2. In Sätzen mit Verb können die Subjektpronomen durch die Voranstellung des entsprechenden unverbundenen Pronomens hervorgehoben werden (vgl. § 9).

Les vacances de Pâques:
– **Moi, je** fais du ski.
– Et Jean-Luc?
– **Lui, il** travaille.

Moi, je ...	Nous,nous/on ...
Toi, tu ...	Vous, vous ...
Lui, il ...	Eux, ils ...
Elle, elle ...	Elles, elles ...

Beachte: Estelle et moi, **nous** faisons les mêmes études.
Estelle und ich studieren das gleiche.

§ 61 Das Verb ‚venir' – Le verbe ‚venir'

Neu

Infinitiv:	**venir** [vənir] – kommen			
Präsens:	Stammbetont		Endungsbetont	
	je **viens**	[vjɛ̃]		
	tu **viens**	[vjɛ̃]		
	il **vient**	[vjɛ̃]		
	elle **vient**	[vjɛ̃]		
			nous **venons**	[vənõ]
			vous **venez**	[vəne]
	ils **viennent**	[vjɛn]		
	elles **viennent**	[vjɛn]		
Imperativ:	Viens.	[vjɛ̃]	Venons.	[vənõ]
			Venez.	[vəne]

1. Das Verb *venir* endet auf *-ir* (vgl. § 59); es wird jedoch unregelmäßig konjugiert.
2. Beachte besonders die Verdoppelung des *-n-* in der 3. Person Plural.

ils vie**nn**ent. Aber: je vie**n**s, nous ve**n**ons, vous ve**n**ez.
Vergleiche: ils pre**nn**ent. Aber: je pre**n**ds, nous pre**n**ons, vous pre**n**ez (§ 42).

3. Achte auf die Präpositionen nach *venir*.
Vergleiche damit die Präpositionen nach *aller* (§ 31):
Je viens **de** Grasse/**de l'**église/**de chez** Marcel/**de chez** le professeur de …
Il va **à** Grasse/**à** **l'**église/ **chez** Marcel/ **chez** le professeur de …

§ 62 Das Adverbialpronomen ‚en' (II) – Le pronom adverbial ‚en'

W Das Adverbialpronomen *en* vertritt nominale Ergänzungen (vgl. § 54).
Dabei handelt es sich um nominale Ergänzungen, die
1. mit dem unbestimmten Artikel Plural oder dem Teilungsartikel eingeleitet werden,
   – On a encore **des œufs/de la farine?** – Non, on n'**en** a plus.
2. aus ‚Mengenausdruck + *de* + Nomen' bestehen,
   – On a encore **combien d'œufs**? – On **en** a encore six.
3. an das Verb mit der Präposition *de* angeschlossen werden,
   – Jean-Luc **parle de ses problèmes**? – Oui, il **en parle**.

Neu
1. – Antoine, tu **viens** **de Grasse**? – Oui, j'**en** viens.
– Nadine, tu **sors** **de ton cours d'histoire**? – Oui, j'**en** sors.
– Estelle, tu **pars** souvent **d'Aix**? – Non, je n'**en** pars pas souvent.
– Tu n'aimes pas **partir** **d'Aix**? – Non, je n'aime pas **en** partir.

Bei den nominalen Ergänzungen mit *de*, die durch *en* vertreten werden,
handelt es sich häufig um **Ortsbestimmungen**.
Sie stehen auf die Frage *D'où …?* (deutsch: ‚von wo?' oder ‚woher?').
En kann also auch **örtliche Bedeutung** haben.

2. – Antoine, tu es **content** **de ta voiture**? – Oui, j'**en** suis très content.
– Jean-Luc, tu es **heureux** **de retrouver tes copains**? – Oui, j'**en** suis très heureux.

En vertritt auch Ergänzungen mit *de* nach Adjektiven, z. B.:
être content de qc/de faire qc; être heureux de qc/de faire qc.

§ 63 Das Adverbialpronomen ‚y' – Le pronom adverbial ‚y'

W ***En*** vertritt unter anderem Ergänzungen, die an das Verb mit der Präposition *de* angeschlossen werden. Dabei handelt es sich häufig um Ortsbestimmungen.

▷▷

7

Neu Neben ***en*** gibt es ein zweites Adverbialpronomen: ***y***

1.

Jean-Luc habite	**à**	**Aix**,	Il **y** habite depuis octobre.
	en	**Provence**,	
	dans	**un appartement**,	
	chez	**ses grands-parents**.	
A Pâques, il va	**à**	**Grasse**.	Il **y** va pour travailler.

Auch *y* vertritt Ortsbestimmungen. Diese werden von Präpositionen wie *à, en, dans, chez, sur, sous* (nicht *de*!) eingeleitet.
Sie stehen auf die Frage *Où ...?* (deutsch: ‚wo?' oder ‚wohin?').

2.

– Est-ce qu'Antoine **pense au travail de ses parents**? – Oui, il **y** pense souvent.

– Est-ce qu'il **répond à la lettre de sa mère**? – Oui, mais il n'**y** répond pas tout de suite.

– Tu vas **réfléchir à ma proposition**? – Oui, je vais **y** réfléchir.

– Tu **joues à la pétanque**? – Non, je ne sais pas **y** jouer.

Y vertritt auch indirekte Sachobjekte, die an das Verb mit der Präposition *à* angeschlossen werden. Die Stellung von *y* folgt denselben Regeln wie die Stellung von *en* (vgl. § 54).

H Beachte die Verwendung von *en* und *y* mit Bezug auf Personen.

a) Ortsbestimmungen, die aus ‚Präposition + Person' bestehen:

– Tu viens **de chez Nadine**? – Oui, | je viens **de chez elle**. / j'**en** viens.

– Tu vas **chez Nadine**? – Oui, | je vais **chez elle**. / j'**y** vais.

In diesem Fall sind sowohl Präposition + unverbundenes Personalpronomen (vgl. § 60) als auch *en* bzw. *y* möglich.

b) Indirekte Objekte mit *à* bzw. *de:*

– Jean-Luc pense encore **à Aloxe-Corton**? – Oui, il **y** pense souvent. (Sachen)
– Il pense encore **à Martine**? – Oui, il pense souvent **à elle**. (Personen)

– Il parle souvent **d'Aloxe-Corton**? – Non, il n'**en** parle pas souvent. (Sachen)
– Il parle souvent **de Martine**? – Non, | il ne parle pas souvent **d'elle**. / il n'**en** parle pas souvent. } (Personen)

Y bezieht sich auf Sachen (im weitesten Sinne). Mit Bezug auf Personen stehen in der Regel Personalpronomen.
Auch *en* bezieht sich auf Sachen. Man findet es aber auch mit Bezug auf Personen.

Leçon 8

§ 64 Ländernamen und Nationalitätsbezeichnungen

Noms de pays et nationalités

Neu

l'Europe *(f)*	les Européens	les Européennes	européen	européenne
l'Allemagne *(f)* la République fédérale d'Allemagne (R.F.A.) la République démocratique allemande (R.D.A.)	les Allemands	les Allemandes	allemand	allemande
l'Angleterre *(f)* la Grande-Bretagne	les Anglais	les Anglaises	anglais	anglaise
l'Autriche *(f)* la Belgique l'Espagne *(f)* la France	les Autrichiens les Belges les Espagnols les Français	les Autrichiennes les Belges les Espagnoles les Françaises	autrichien belge espagnol français	autrichienne belge espagnole française
la Hollande [laɔlɑ̃d] les Pays-Bas *(m, plur)*	les Hollandais [leɔlɑ̃dɛ]	les Hollandaises [leɔlɑ̃dɛz]	hollandais	hollandaise
l'Italie *(f)* la Suisse	les Italiens les Suisses	les Italiennes les Suisses	italien suisse	italienne suisse
	maskulin	feminin	maskulin	feminin
Ländernamen	Einwohner		Adjektive	

1. Die **meisten** Ländernamen sind **feminin**.
   Sie stehen in der Regel **mit Artikel**. Vergleiche:

   F/D J'aime bien **la** France.
   Ich mag Frankreich sehr.

   Nach der Präposition *en* (vor femininen Ländernamen) steht jedoch kein Artikel.

   Il habite en France — en‿Allemagne [ɑ̃nalmaɲ] — en Hollande [ɑ̃ɔlɑ̃d].
   Er wohnt in Frankreich — in Deutschland — in Holland.

   Aber: Il habite aux Pays-Bas. ... in den Niederlanden.

2. Beginnt die Bezeichnung der Einwohner mit einem Vokal (oder mit stummem *h*), wird der Artikel im Lautbild gebunden: un Allemand [ɛ̃nalmɑ̃]; les Allemands [lezalmɑ̃].
   Aber: un Hollandais [ɛ̃ɔlɑ̃dɛ], les Hollandais [leɔlɑ̃dɛ].

3. ⚠ Bei den Nationalitätsbezeichnungen auf *-ien* und *-éen* wird in der femininen Form im Schriftbild das *n* verdoppelt:
   autrichie**n** [otriʃjɛ̃] européе**n** [ørɔpeɛ̃]
   autrichie**nne** [otriʃjɛn] europée**nne** [ørɔpeɛn]

▷▷

F/E 4. Abweichend vom Englischen werden im Französischen die Bezeichnungen für die Sprachen und Nationalitätsadjektive klein geschrieben. Vergleiche:

Pascal est **F**rançais.	Pascal is **F**rench.
Il ne parle pas l'**i**talien.	He doesn't speak **I**talian.
Mais il a des amis **i**taliens.	But he has **I**talian friends.

H 5. Neben *parler l'allemand/le français/l'italien* findet man auch *parler allemand/ français/ italien.*

§ 65 Das ‚passé composé' (Übersicht) – Le passé composé (vue d'ensemble)

W Bisher sind zwei Tempora (grammatische Zeitformen des Verbs) bekannt:
- das Präsens (*le présent,* § 10) und
- das ‚futur composé' (*le futur composé,* § 46).

Neu Als drittes Tempus wird nun das ‚passé composé' behandelt.
‚Passé composé' bedeutet ‚zusammengesetzte Vergangenheit'.
Dieses Tempus ist also wie das ‚futur composé' aus zwei Teilen zusammengesetzt:

Antoine **a** téléphon**é** }
Evelyne **a** téléphon**é** } à M. Mazot.

Antoine **est** all**é** }
Evelyne **est** all**ée** } au secrétariat de l'université.

1. Das ‚passé composé' wird aus einem Hilfsverb (*avoir* oder *être*) und dem Partizip Perfekt (*le participe passé*) gebildet (vgl. §§ 66–68).
2. Ist das Hilfsverb *avoir,* so bleibt das ‚participe passé' meist unverändert (vgl. aber § 70). Ist das Hilfsverb dagegen *être,* so richtet sich das ‚participe passé' in Genus und Numerus nach dem Subjekt des Satzes (vgl. § 69).

§ 66 Die Bildung des ‚participe passé' – La formation du participe passé

Neu **1. Die Bildung des ‚participe passé' bei den regelmäßigen Verben auf ‚-er'**

pens**er**	achet**er**	appel**er**	préfér**er**	pay**er**
j'ai pens**é** [pɑ̃se]	j'ai achet**é** [aʃte]	j'ai appel**é** [aple]	j'ai préfér**é** [prefere]	j'ai pay**é** [peje]

Die Verben auf ***-er*** bilden das ‚participe passé' auf ***-é*** [e].
Im Lautbild besteht bei diesen Verben kein Unterschied zwischen Infinitiv und ‚participe passé'.

⚠ Beim Schreiben muß man deshalb den Zusammenhang beachten, in dem die Verbform auf [-e] steht:

futur composé: Je **vais** regard**er** le livre. (*regarder* = Infinitiv)
passé composé: J' **ai** regard**é** le livre. (*regardé* = participe passé)

2. Die Bildung des ‚participe passé' bei den regelmäßigen Verben auf ‚-dre' und ‚-ir'

atten**dre**	répon**dre**	fin**ir**	sort**ir**
j'ai attend**u** [atɑ̃dy]	j'ai répond**u** [repɔ̃dy]	j'ai fin**i** [fini]	je suis sort**i**,e [sɔrti]

Die Verben auf ***-dre*** (regelmäßige Gruppe, vgl. § 33) bilden das ‚participe passé' auf ***-u*** [y].
Die Verben auf ***-ir*** (Gruppen *finir* und *sortir*, vgl. § 59) bilden das ‚participe passé' auf ***-i*** [i].

3. Die Bildung des ‚participe passé' bei unregelmäßigen Verben

Die bisher bekannten unregelmäßigen Verben bilden das ‚participe passé' wie folgt:

pouvoir	– j'ai pu	[py]	avoir	– j'ai eu	[y]	boire	– j'ai bu	[by]
savoir	– j'ai su	[sy]	voir	– j'ai vu	[vy]	lire	– j'ai lu	[ly]
vouloir	– j'ai voulu	[vuly]	pleuvoir	– il a plu	[ply]	tenir	– j'ai tenu	[təny]
falloir	– il a fallu	[faly]				venir	– je suis venu,e	[vəny]
dire	– j'ai dit	[di]	mettre	– j'ai mis	[mi]	offrir	– j'ai offert	[ɔfɛr]
écrire	– j'ai écrit	[ekri]	prendre	– j'ai pris	[pri]	ouvrir	– j'ai ouvert	[uvɛr]
faire	– j'ai fait	[fɛ]	comprendre	– j'ai compris				
			apprendre	– j'ai appris				
être	– j'ai été	[ete]	aller	– je suis allé,e	[ale]			

§ 67 Das ‚passé composé' mit ‚avoir' – Le passé composé avec ‚avoir'

Neu

– J'			**ai**		**téléphoné**		au secrétariat de l'université.
– Tu			**as**		**eu**		la place?
– D'abord, il			**a**		**fallu**		parler au responsable.
Antoine et moi, on			**a**		**eu**		de la chance:
nous			**avons**		**eu**		la place.
– Vous	**n'**		**avez**	**pas**	**eu**		trop de problèmes?
– Non, M. Mazot et sa secrétaire	**ne**	**nous**	**ont**	**pas**	**posé**		trop de questions, mais
il			**a**		**fallu**	**leur**	répondre très vite.

1. Das ‚passé composé' der meisten Verben wird mit *avoir* gebildet.
2. Die Objektpronomen stehen entweder vor dem konjugierten Hilfsverb, hier *avoir* (vgl. § 38), oder vor dem Infinitiv (vgl. §§ 43, 45, 46).
3. Stehen die Objektpronomen vor dem konjugierten Hilfsverb, so umschließen die Verneinungswörter die Gruppe ‚Objektpronomen + konjugiertes Hilfsverb'.

F/D Beachte die Stellung der Verneinungswörter und der Ergänzungen im Vergleich zum Deutschen:

Ils **n'** ont **pas eu la place**.
Sie haben **die Stelle nicht bekommen**.

8

§ 68 Das ‚passé composé' mit ‚être' – Le passé composé avec ‚être'

A 19 heures, Jean-Luc			est		sorti		de la maison.		
Il			est		allé		chez Antoine.		
Il	n'	y	est	pas	resté.				
Il			est		allé		chercher	Evelyne.	(‚abholen')
Il			est		allé	la	chercher	à 20 heures.	

1. Nur wenige Verben bilden das ‚passé composé' mit *être*.
2. Die Stellung der Verneinungswörter und der Pronomen folgt denselben Regeln wie beim ‚passé composé' mit *avoir* (vgl. § 67).

Die Verben, die das ‚passé composé' mit *être* bilden,
lernt man am besten in den folgenden Gegensatzpaaren auswendig:

Verben mit Bewegungsrichtung

aller ↔ venir
partir ↔ arriver
sortir ↔ { entrer / rentrer }
monter ↔ { descendre / tomber }
retourner ↔ rester

Être, marcher und *glisser* (u. a.) bilden das ‚passé composé' mit *avoir*.
Vergleiche mit dem Deutschen:

Tout à coup, Florence **a glissé**.	... **ist** ausgeglitten.
Après, tout **a** bien **marché**.	... **ist** alles gut gelaufen.
Le soir, le groupe **a été** dans un restaurant.	... **ist** ... gewesen.

§ 69 Die Veränderlichkeit des ‚participe passé' in Verbindung mit ‚être'

L'accord du participe passé avec ‚être'

Im Französischen richtet sich das prädikativ gebrauchte Adjektiv in Genus und Numerus nach seinem Beziehungswort (vgl. § 55).
In Sätzen mit *être* ist das Beziehungswort das Subjekt.
Christine est **bonne** en anglais.
Ses **parents** sont **contents**.

– **Antoine**,	**tu**	es	déjà	**allé**		en Allemagne?
– Oui,	**j'**	y suis	déjà	**allé**.		
– **Nadine**,	**tu**	es	déjà	**allée**		en Angleterre?
– Oui,	**j'**	y suis	déjà	**allée**.		
– **Antoine et Nadine**,						
	vous	êtes	déjà	**allés**		en Autriche?
– Non,	**nous**	n'y sommes	pas encore	**allés**.	[ale]	
	on	n'y est	pas encore	**allés**.		
– **Estelle et Evelyne**,						
	vous	êtes	déjà	**allées**		aux Pays-Bas?
– Non,	**nous**	n'y sommes	pas encore	**allées**.		
	on	n'y est	pas encore	**allées**.		

Das **‚participe passé'** in Verbindung mit *être* verhält sich wie das prädikativ gebrauchte Adjektiv: es richtet sich in **Genus** und **Numerus** nach seinem Beziehungswort, dem **Subjekt** des Satzes.
Im **Schriftbild** wird zur Kennzeichnung des **Femininums** ein ***-e*** an die maskuline Form angehängt, zur Kennzeichnung des **Plurals** ein ***-s***.
Im **Lautbild** gibt es nur **eine** Form.

1. Die Tabelle zeigt, daß man bei den Subjektpronomen *je, tu, nous, vous* beachten muß, ob sie sich auf männliche oder weibliche Personen beziehen.
2. Bei *on*, das in der Umgangssprache häufig anstelle von *nous* verwendet wird, kann sich das ‚participe passé' ebenfalls nach dem Subjekt richten, das durch *on* vertreten wird.
3. Beachte das Subjektpronomen *vous* als Höflichkeitsform:
   - **Monsieur**, → vous êtes déjà → all**é**
   - **Messieurs**, → vous êtes déjà → all**és**
   - **Madame**, → vous êtes déjà → all**ée**
   - **Mesdames**, → vous êtes déjà → all**ées**

   } au musée Granet?

§ 70 Die Veränderlichkeit des ‚participe passé' in Verbindung mit ‚avoir' (I) – L'accord du participe passé avec ‚avoir'

Das ‚participe passé' in Verbindung mit *être* richtet sich in Genus und Numerus nach dem Subjekt des Satzes (vgl. § 69).

Unter bestimmten Bedingungen wird auch das ‚participe passé' in Verbindung mit *avoir* verändert.

Martine, tu as fait	**le dessert**?	– Oui, je	**l'**	ai		fait.	[fɛ]
Tu as mis	**la table**?	– Oui, je	**l'**	ai		mis**e**.	[miz]
Tu as trouvé	**les verres**?	– Non, je ne	**les**	ai	pas	trouv**és**.	[truve]
Tu as ouvert	**les bouteilles**?	– Oui, je	**les**	ai		ouvert**es**.	[uvɛrt]

1. Beim ‚passé composé' mit *avoir* verändert sich das ‚participe passé', wenn **dem konjugierten Hilfsverb ein direktes Objekt vorausgeht**.
   In den angeführten Beispielen ist das direkte Objekt ein Personalpronomen.
   Das ‚participe passé' richtet sich in Genus und Numerus nach diesem vorangehenden direkten Objekt.
2. Im Schriftbild kennzeichnet das *-e* wiederum das Femininum, das *-s* den Plural (vgl. § 69).
3. Das ‚participe passé' einiger Verben endet im Maskulinum Singular auf einen Konsonanten (vgl. § 66, 3). Dieser Endkonsonant ist im Femininum Singular und Plural hörbar, z. B.

écrire		**ouvrir**		**mettre**		**prendre**	
écrit / écrits	[ekri]	ouvert / ouverts	[uvɛr]	mis / mis	[mi]	pris / pris	[pri]
écrite / écrites	[ekrit]	ouverte / ouvertes	[uvɛrt]	mise / mises	[miz]	prise / prises	[priz]

▷▷

1. Bei den Objektpronomen der 1. und 2. Person ist wiederum zu beachten (vgl. § 69), ob sie sich auf maskuline oder feminine Personen beziehen.

Antoine, / **Estelle**, > je **t'**ai < vu / vue } au cinéma.

Antoine et Jean-Luc, / **Estelle et Nadine**, > je **vous** ai < vus / vues } au cinéma.

2. Beachte das Objektpronomen *vous* als Höflichkeitsform (vgl. § 69):

– **Monsieur**, / – **Mesdames**, > nous **vous** avons < vu / vues } au cinéma.

3. Unterscheide zwischen den Pronomen, die vor dem konjugierten Hilfsverb stehen:

Annie dit:	Estelle **m'**a appel**ée**.	(appeler **qn**)
	Estelle **m'**a téléphon**é**.	(téléphoner **à qn**)
Pierre dit:	Je **les** ai vus.	(voir **qn**)
	Je **leur** ai parl**é**.	(parler **à qn**)
Pierre dit:	La farine? Je **l'**ai achet**ée**.	
	Des œufs? Je n'**en** ai pas achet**é**.	

Nur ein vorangehendes **direktes** Objektpronomen führt zur Veränderung des ‚participe passé'.

H 1. Das direkte Objekt kann auch als ‚Fragewort + Nomen' dem Verb vorangehen:
Combien de livres est-ce que tu as achet**és**?

2. Beachte die Veränderlichkeit des prädikativen Adjektivs nach *trouver*:
Les livres sur la Suisse? Je **les** ai trouv**és** intéressant**s**.

§ 71 Das Verb ‚voir' – Le verbe ‚voir'

Neu

Infinitiv:	**voir** [vwar] – sehen	
Präsens:	Stammbetont	Endungsbetont
	je vois tu vois il voit elle voit ils voient elles voient } [vwa]	nous vo**y**ons [vwajõ] vous vo**y**ez [vwaje]
Imperativ:		Voyons. [vwajõ] Voyez. [vwaje]
Passé composé:	j'ai **vu** [vy]	

Leçon 9

§ 72 Die Adjektive ‚vieux', ‚beau' und ‚nouveau'

Les adjectifs ‚vieux', ‚beau' et ‚nouveau'

Neu Die Adjektive *vieux, beau* und *nouveau* haben in attributiver Stellung im Maskulinum Singular zwei Formen.

vieux	beau	nouveau	Singular
un **vieux m**onsieur [vjø]	un **beau v**illage [bo]	un **nouveau b**us [nuvo]	vor maskulinem Nomen mit Konsonant
un **vieil a**mi un **vieil h**omme [vjɛj]	un **bel a**rbre un **bel h**ôtel [bɛl]	un **nouvel a**vion un **nouvel h**abitant [nuvɛl]	vor maskulinem Nomen mit Vokal oder stummem *h*
une **vieille d**ame une **vieille a**mie [vjɛj]	une **belle v**ue une **belle é**glise [bɛl]	une **nouvelle m**aison une **nouvelle é**cole [nuvɛl]	Im Femininum ist die Form vor Konsonant und Vokal gleich.
de **vieux m**essieurs de **vieux a**mis de **vieux h**ommes [-z-]	de **beaux v**illages de **beaux a**rbres de **beaux h**ôtels [-z-]	de **nouveaux b**us de **nouveaux a**vions de **nouveaux h**abitants [-z-]	**Plural** Maskulinum: Endung auf *-x*.
de **vieilles d**ames de **vieilles a**mies [-z-]	de **belles v**ues de **belles é**glises [-z-]	de **nouvelles m**aisons de **nouvelles é**coles [-z-]	Femininum: Endung auf *-es*.

Im Lautbild gibt es keinen Unterschied zwischen den maskulinen Formen *vieil, bel, nouvel* und den femininen Formen *vieille, belle, nouvelle*. Sie lauten [vjɛj], [bɛl] und [nuvɛl].

⚠ Beachte, daß es im Maskulinum Singular nur bei attributivem Gebrauch zwei verschiedene Formen gibt, nicht jedoch bei prädikativem Gebrauch. Vergleiche:

attributiv:				prädikativ:		
C'est	un	**beau**	paysage.	Le paysage	est	**beau**.
Regardez	le	**bel**	arbre.	L'arbre	est	**beau**.
Regardez	le	**vieil**	escalier.	L'escalier	est	**vieux**.
Voilà	un	**nouvel**	élève.	L'élève	est	**nouveau**.
		Adjektiv +	Nomen	Nomen +	être +	Adjektiv

9

§ 73 ‚Quel' in Frage und Ausruf – ‚Quel' dans l'interrogation et l'exclamation

W Einige Wendungen mit *quel* sind bereits in Lektions- und Übungstexten vorgekommen, z. B.:

Quel temps fait-il?	Was für ein Wetter haben wir?
Tu as quel âge?	Wie alt bist du?
Quelle heure est-il?	Wieviel Uhr/Wie spät ist es?

Quel hat also im Deutschen unterschiedliche Entsprechungen.
In der folgenden Übersicht gehen wir von *quel* = ‚welcher' aus.

Neu • **Formen**

	Singular			
maskulin	**Quel** taxi **Quel** hôtel	} est-ce que vous prenez?	Welches Taxi ...? Welches Hotel ...?
feminin	**Quelle** ville **Quelle** usine	} est-ce que vous visitez?	Welche Stadt ...? Welche Fabrik ...?
	Plural		
maskulin	**Quels** taxis **Quels** hôtels	} est-ce que vous prenez?	Welche Taxis ...? Welche Hotels ...?
feminin	**Quelles** villes **Quelles** usines	} est-ce que vous visitez?	Welche Städte ...? Welche Fabriken ...?

Quel richtet sich in Genus und Numerus nach dem Nomen, auf das es sich bezieht.
Das Plural-*s* wird vor Vokal (und stummem *h*) im Lautbild gebunden:
quels‿arbres [kɛlzarbr], quels‿hôtels [kɛlzotɛl]; quelles‿assiettes [kɛlzasjɛt].

⚠ Außer bei den Bindungen werden alle Formen von *quel* gleich ausgesprochen:
quel, quelle, quels, quelles = [kɛl].
Man muß also beim Schreiben darauf achten, daß die Form an Genus und Numerus des betreffenden Nomens anzupassen ist.

• **Funktion**

1. **Quel vin** est-ce que tu vas acheter?	Welchen Wein wirst du kaufen?
Quelles sont tes **boissons** préférées?	Was sind deine Lieblingsgetränke?
2. **Quelle chance** tu as eue!	Was hast du für ein Glück gehabt!
Quelle route! Elle monte, monte, monte.	Was für eine Straße!
Quels beaux arbres! Ils sont vraiment magnifiques.	Was für schöne Bäume!

1. Im Fragesatz kann *quel* attributiv (d. h. als Begleiter: *Quel vin ...?*) und prädikativ (*Quelles sont ...?*) verwendet werden.
2. Im Ausrufesatz und im Ausruf tritt *quel* immer als Begleiter auf. Es drückt dann Gefühle wie Erstaunen oder Überraschung aus.

H Weitere Wendungen mit *quel*:

Quel est votre nom?	Wie heißen Sie?
Quelle est votre adresse?	Wie ist Ihre Adresse?
Vous habitez à quel étage?	Auf welcher Etage wohnen Sie?
On est quel jour aujourd'hui?	Welchen (Wochen-)Tag haben wir heute?
Quelle question!	Was für eine Frage!

§ 74 Das Verb ‚devoir' – Le verbe ‚devoir'

Neu

Infinitiv:	**devoir** [dəvwar] – müssen, sollen, schulden	
Präsens:	Stammbetont je **dois** tu **dois** il **doit** elle **doit** } [dwa] ils **doivent** elles **doivent** } [dwav]	Endungsbetont nous **devons** [dəvõ] vous **devez** [dəve]
Passé composé:	j'ai **dû** [dy]	

1. *Devoir faire qc* hat verschiedene Bedeutungen. Es kann sein:
   - Ausdruck einer Verpflichtung (‚müssen'/‚sollen'):
     – Tu m'accompagnes chez moi? – Non, je dois aller au collège.
     Vgl. § 49: – Non, il me faut aller au collège.
   - im verneinten Satz Ausdruck eines Verbots (‚nicht dürfen'):
     A la cantine, on ne doit pas crier.
     Vgl. § 49: A la cantine, il ne faut pas crier.
   - Ausdruck einer Vermutung (‚... wohl ...'):
     – On sonne. Ça doit être Florence. (Das ist wohl Florence.)
2. *Devoir qc à qn* bedeutet ‚jemandem etwas schulden':
   – Je vous dois combien, monsieur? – Ça fait 100 F, jeune homme.

⚠ Beachte den *accent circonflexe* beim ‚participe passé' von *devoir*.
Vergleiche: J'ai **du** travail. (Teilungsartikel)
J'ai **dû** travailler hier soir. (‚participe passé' von *devoir*)
(Aber: *due, dus, dues*)

§ 75 Die Demonstrativbegleiter – Les déterminants démonstratifs

W Die Adjektive *vieux, beau* und *nouveau* haben im Maskulinum Singular zwei Formen, je nachdem, ob das nachfolgende Nomen mit einem Konsonanten oder mit einem Vokal (bzw. stummem *h*) beginnt (vgl. § 72).

un **vieux m**onsieur   un **vieil a**mi   un **vieil h**ôtel

▷▷

Für die Demonstrativbegleiter gilt Ähnliches:

	Singular			Plural		
	Regarde …			Regarde …		
maskulin	**ce**	pull.	… diesen Pulli.	**ces**	pulls.	… diese Pullis.
	cet	anorak.	… diesen Anorak.	**ces**	anoraks.	… diese Anoraks.
	cet	homme.	… diesen Mann.	**ces**	hommes.	… diese Männer.
feminin	**cette**	maison.	… dieses Haus.	**ces**	maisons.	… diese Häuser.
	cette	église.	… diese Kirche.	**ces**	églises.	… diese Kirchen.

Die Demonstrativbegleiter heißen
im **Singular Maskulinum**
vor Konsonant ***ce*** [sə],
vor Vokal/stummem *h* ***cet*** [sɛt],
im **Singular Femininum** ***cette*** [sɛt].

Die Demonstrativbegleiter heißen
im **Plural Maskulinum**
und **Femininum** ***ces*** [se].
Vor Vokal und vor stummem *h* wird *ces* im Lautbild gebunden.

- An das durch *ce/cet/cette/ces* begleitete Nomen wird in der gesprochenen Sprache häufig *-là* angehängt. Dadurch wird der Hinweischarakter verstärkt.
  Je voudrais essayer **ces chaussures-là**. … diese Schuhe da.
- In Verbindung mit Tageszeiten heißt *ce/cet/cette* ‚heute':
  ce matin heute morgen — cet après-midi heute nachmittag
  ce soir heute abend — cette nuit heute nacht
  Aber: ce soir-là an **jenem** Abend

1. Beachte, daß es im **Plural** nur eine **einzige Form** für Maskulinum und Femininum gibt:

	ces hommes	**ces** femmes	**ces** villages	**ces** villes
vgl.	**les** hommes	**les** femmes	**les** villages	**les** villes
	des hommes	**des** femmes	**des** villages	**des** villes

2. Bei [se] muß man unterscheiden, ob es sich um *ces* oder *ses* handelt:
   ces chaussures **diese** Schuhe — **ses** chaussures **seine/ihre** Schuhe

§ 76 Die reflexiven Verben (I): Präsens, ‚futur composé', Imperativ

Les verbes pronominaux: présent, futur composé, impératif

- **Formen**

Infinitiv:	**se laver** [səlave] – sich waschen				**s'habiller** [sabije] – sich anziehen			
Präsens:	je	**me**	lave	[ʒəməlav]	je	**m'**	habille	[ʒəmabij]
	tu	**te**	laves	[tytəlav]	tu	**t'**	habilles	[tytabij]
	il	**se**	lave	[ilsəlav]	il	**s'**	habille	[ilsabij]
	elle	**se**	lave	[ɛlsəlav]	elle	**s'**	habille	[ɛlsabij]
	nous	**nous**	lavons	[nunulavõ]	nous	**nous**	habillons	[nunuzabijõ]
	vous	**vous**	lavez	[vuvulave]	vous	**vous**	habillez	[vuvuzabije]
	ils	**se**	lavent	[ilsəlav]	ils	**s'**	habillent	[ilsabij]
	elles	**se**	lavent	[ɛlsəlav]	elles	**s'**	habillent	[ɛlsabij]

Die reflexiven Verben haben Reflexivpronomen bei sich.
Die Reflexivpronomen heißen *me, te, se, nous, vous*.
Sie beziehen sich auf das Subjekt des Satzes.
Beginnt das Verb mit einem Vokal oder mit einem stummen *h*,
so werden *me, te, se* zu *m', t', s'* verkürzt sowie *nous* und *vous* im Lautbild gebunden.
Die Beispiele zeigen, daß die Reflexivpronomen nur in der 3. Person Singular und Plural eine eigene Form haben: ***se***. In der 1. und 2. Person sind sie mit den Formen der Objektpronomen identisch: *me, te, nous, vous*.

• **Stellung der Reflexivpronomen**

1. Präsens und ‚futur composé'

– Tu **te** lèves?
– Non, je **ne me** lève **pas**.

– Quand est-ce que tu vas **te** lever?
– Je **ne** vais **pas me lever** avant 9 heures.

– Vous voulez **vous acheter** vos provisions?
– Non, nous **ne** voulons **pas nous acheter** nos provisions aujourd'hui.

2. Imperativ

Ne te fâche pas.	Calme-**toi**.
Ne nous fâchons pas.	Calmons-**nous**.
Ne vous fâchez pas.	Calmez-**vous**.

1. Die Stellung der Reflexivpronomen folgt im Präsens und im ‚futur composé' denselben Regeln wie die Stellung der Objektpronomen (vgl. §§ 38–40).
   Die Reflexivpronomen stehen vor dem konjugierten Verb bzw. vor dem Infinitiv.
   Die Verneinungswörter umschließen das konjugierte Verb.

2. Dies gilt auch für den verneinten Imperativ.
   Beim **bejahten** Imperativ stehen die Reflexivpronomen **nach** dem Verb und werden mit **Bindestrich** angeschlossen. *Te* wird durch *toi* ersetzt.

H Treffen die Reflexivpronomen auf die Adverbialpronomen *en* oder *y*,
so stehen die Reflexivpronomen vor den Adverbialpronomen.
– Tu t'intéresses aux vieilles villes? – Bof! Je ne **m'y** intéresse pas trop.
– Marcel veut s'acheter des pulls? – Oui, il veut **s'en** acheter deux.

9

§ 77 Die reflexiven Verben (II): ‚passé composé'

Les verbes pronominaux: passé composé

Neu **• Die Bildung des ‚passé composé' bei reflexiven Verben**

Soldes:						
– Moi, je		**me**	**suis**		**acheté**	un pull.
Et toi, qu'est-ce que tu		**t'**	**es**		**acheté?**	– Trois chemisiers.
– Nadine		**s'**	**est**		**offert**	un nouveau pantalon.
Et nous, nous		**nous**	**sommes**		**payé**	des nouvelles chaussures.
– Vous	**ne**	**vous**	**êtes**	**pas**	**acheté**	les chaussures rouges?
						– Non, les noires.
Antoine et Marcel		**se**	**sont**		**offert**	des nouvelles chemises.

F/D
1. Im Gegensatz zum Deutschen wird das ‚passé composé' der reflexiven Verben mit ***être*** gebildet. Vergleiche:
   Evelyne s'**est** acheté un pantalon. Evelyne **hat** sich eine Hose gekauft.
2. Die Reflexivpronomen stehen – wie die Objektpronomen – vor dem konjugierten Hilfsverb *être*.
   Die Verneinungswörter umschließen die Gruppe ‚Reflexivpronomen + konjugiertes Hilfsverb *être*' (vgl. § 67).

• Die Veränderlichkeit des ‚participe passé' bei reflexiven Verben

W Beim ‚passé composé' mit *avoir* verändert sich das ‚participe passé', wenn dem konjugierten Hilfsverb ein direktes Objekt vorausgeht.
Dieses direkte Objekt kann ein Personalpronomen sein (vgl. § 70).

1. – Tu as appelé Nadine? – Oui, je **l'** ai appel**é**e.
2. – Tu as parlé à Nadine? – Oui, je **lui** ai parl**é**.

Im Beispiel 1 geht ein **direktes** Objektpronomen voraus.
Das ‚participe passé' wird **verändert**.
In Beispiel 2 geht ein **indirektes** Objektpronomen voraus.
Das ‚participe passé' wird **nicht verändert**.

Neu

Nadine dit: «Je **me** suis lav**ée**.	*me* = direktes Objekt
Je **me** suis lav**é** les mains.»	*me* = indirektes Objekt
Les jeunes se sont rendu**s** à Mende.	*se* = direktes Objekt
Ils se sont achet**é** des vêtements.	*se* = indirektes Objekt

Wie beim ‚passé composé' mit *avoir* richtet sich das ‚participe passé' der reflexiven Verben im Genus und Numerus nach dem vorangehenden direkten Objekt.
Es ist also zu unterscheiden, ob das Reflexivpronomen (*me, te, se, nous, vous*) direktes oder indirektes Objekt ist.
Ist es **direktes** Objekt, wird das ‚participe passé' **verändert**;
ist es **indirektes** Objekt, wird das ‚participe passé' **nicht verändert**.

⚠ Das Reflexivpronomen ist indirektes Objekt, wenn auf das ‚participe passé' ein direktes Objekt folgt:

Je **me** suis acheté **un pull**.

(**me** → indir. Objekt; **un pull** → dir. Objekt)

§ 78 Der Imperativ mit einem Objektpronomen

L'impératif avec un pronom objet

W Beim bejahten Imperativ stehen die Reflexivpronomen nach dem Verb, beim verneinten Imperativ stehen sie unmittelbar davor:
Calme-toi, ne te fâche pas.

Neu Die gleichen Regeln gelten auch für andere Pronomen in Verbindung mit einem Imperativ.

	Bejahter Imperativ	Verneinter Imperativ
– J'apporte **le lait**?	apporte **- le.**	ne **l'** apporte pas.
– On sert **la charcuterie**?	servez **- la.**	ne **la** servez pas.
– On ouvre **les bouteilles**?	ouvrez **- les.**	ne **les** ouvrez pas.
– Je téléphone **à Estelle**?	téléphone **- lui.**	ne **lui** téléphone pas.
– On écrit **aux copains**?	écrivons **- leur.**	ne **leur** écrivons pas.
– Je **t'**attends ce soir?	– Oui, attends **- moi.**	– Non, ne **m'** attends pas.
– Je **vous** téléphone?	téléphone **- nous.**	ne **nous** téléphone pas.
– Je **me** lave?	lave **- toi.**	ne **te** lave pas.
– Nous **nous** levons?	levez **- vous.**	ne **vous** levez pas.
– Je vais **à l'épicerie**?	vas **- y.**	n' **y** va pas.
– J'achète **du pain**?	achètes **- en.**	n' **en** achète pas.

1. Alle Pronomen stehen beim **bejahten Imperativ nach** dem Verb.
   Sie werden mit **Bindestrich** angeschlossen.
   Me und *te* werden durch die Formen des unverbundenen Pronomens -*moi* und -*toi* ersetzt.
2. Beim **verneinten Imperativ** stehen alle Pronomen unmittelbar **vor** dem Verb.
   Die Verneinungswörter umschließen die Gruppe ‚Pronomen + Verb'.
   Es gelten also die gleichen Stellungsregeln wie beim Aussagesatz (vgl. §§ 38–40).
3. Vor den Adverbialpronomen *y* und *en* erhält der bejahte Imperativ Singular des Verbs *aller* und der Verben auf -*er* ein -*s*:

Va à l'épicerie.	Aber: **Vas**-y.	[vazi]
Pense aux œufs.	Aber: **Penses**-y	[pɑ̃szi]
Apporte du fromage.	Aber: **Apportes**-en.	[apɔrtzɑ̃]

   Das -*s* am Ende der Imperativformen wird im Lautbild als stimmhaftes [z] gebunden.
   Diese Bindung mit [z] im Lautbild weisen somit die bejahten Imperativformen aller Verben auf. Vergleiche:
   Imperativ Singular: Vas-y. Achètes-en. Prends-en.
   Imperativ Plural: Allez-y. Mangeons-en. Prenons-en.

§ 79 Die Verben ‚plaire' und ‚se taire' – Les verbes ‚plaire' et ‚se taire'

Neu

Infinitiv:	**plaire** [plɛr] – gefallen	
Präsens:	Singular je **plais** tu plais il pla**î**t elle pla**î**t } [plɛ]	Plural nous **plaisons** [plɛzõ] vous plais**ez** [plɛze] ils **plaisent** [plɛz] elles **plaisent** [plɛz]
Passé composé:	j'ai **plu** [ply]	

⚠ Unterscheide:
Entrez, s'il **vous plaît**.
..., bitte
(wenn es **Ihnen/euch** gefällt).
Entre, s'il **te** plaît.
..., bitte
(wenn es **dir** gefällt).

Infinitiv:	**se taire** [sətɛr] – schweigen	
Präsens:	Singular je me **tais** tu te tais il se tait elle se tait } [tɛ]	Plural nous nous **taisons** [tɛzõ] vous vous tais**ez** [tɛze] ils se **taisent** [tɛz] elles se **taisent** [tɛz]
Imperativ:	Tais -toi.	Taisons -nous. Taisez -vous.
Passé composé:	je me suis **tu**, **e** [ty]	

⚠ Beachte das Schriftbild von
il se tait gegenüber
il plaît.

Leçon 10

§ 80 Die Fragebildung durch Inversion – L'interrogation par inversion du sujet

W Bisher sind folgende Arten der Fragebildung bekannt:

• die **Frage** mit ***est-ce que*** (vgl. §§ 16, 19);

Est-ce que ton frère est là?	(Entscheidungsfrage)
Où est-ce que ton frère travaille?	(Ergänzungsfrage)

Mit *est-ce que* können sowohl Entscheidungs- als auch Ergänzungsfragen gebildet werden. Die Frage mit *est-ce que* wird in der gesprochenen und in der geschriebenen Sprache verwendet.

• die **Intonationsfrage** (vgl. §§ 7, 8, 19);

Ton frère est là?	(Entscheidungsfrage)
Ton frère travaille où?	(Ergänzungsfrage)

Durch Intonation können sowohl Entscheidungs- als auch Ergänzungsfragen gebildet werden.
Die Intonationsfrage ist typisch für die gesprochene Sprache. Die Ergänzungsfrage mit dem Fragewort am Satzende ist in der Umgangssprache zwar häufig, sie wirkt aber familiär.

- die **Inversionsfrage** (vgl. §§ 7, 19);

  Martine, qui est-ce? Qui est Martine?
  Que fait Olivier? Où est Florence? } (Ergänzungsfrage)

  In Inversionsfragen steht das Subjekt nach dem Verb.
  Außer bei *Qui est-ce?* wurde die Inversion bisher nur in einigen **kurzen Ergänzungsfragen** mit einem **Nomen als Subjekt** verwendet. In dieser Form wird die Inversionsfrage sowohl in der gesprochenen als auch in der geschriebenen Sprache gebraucht.

Neu: Nun lernen wir **Inversionsfragen** kennen, bei denen das **Subjekt ein Personalpronomen** ist.

Dans une lettre, vous posez des questions à votre correspondant français:	
Sors-tu souvent avec tes parents?	
Sont-ils sympathiques avec toi?	[sõtil ...]
Et ton père? Pren**d-il** le temps de discuter avec toi?	[prɑ̃til ...]
Et ta mère? Essai**e-t-elle** de comprendre tes problèmes?	[esɛtɛl ...]
Et ta copine? Comment s'appell**e-t-elle**?	[... sapɛltɛl]
Quel âge **a-t-elle**?	[... atɛl]
N'y **a-t-il** pas de problèmes entre vous?	[njatil ...]
Vous posez, en français, des questions à votre professeur:	
Connaissez-vous Paris, monsieur?	
Y avez-vous souvent **été**?	
Quand y êtes-vous allé pour la dernière fois?	
Pourquoi n'y allez-vous pas cet été?	
Quand voulez-vous **y retourner**?	

- Das Subjektpronomen wird bei der Inversionsfrage mit einem **Bindestrich** an das Verb angeschlossen.
  Die Objektpronomen sowie *y/en* stehen wie im Aussagesatz vor dem konjugierten Verb bzw. vor dem Infinitiv.
  Die Verneinungswörter umschließen die Gruppe ‚(Objektpronomen) + konjugiertes Verb + Subjektpronomen'.
- Handelt es sich um Subjektpronomen der 3. Person Singular oder Plural, so werden diese im Lautbild immer durch [t] mit dem Verb verbunden.
  - Bei Verbformen, die im Schriftbild auf *-t* enden, wird dieses *-t-* gebunden: Sont-ils ...? [sõtil ...].
  - Bei Verbformen, die im Schriftbild auf *-d* enden, wird dieses *-d* im Lautbild ebenfalls als [t] gebunden: Prend-il ...? [prɑ̃til ...].
  - Bei Verbformen, die im Schriftbild auf die Vokale *-e* oder *-a* enden, wird in der Schrift zwischen Verb und Subjektpronomen ein *-t-* eingeschoben, das ebenfalls als [t] gebunden wird: Essaie-**t**-elle ...? [esɛtɛl ...].
- Diese **Inversionsfragen** sind typisch für die **geschriebene Sprache**.
  In der **gesprochenen Sprache** wirken sie **höflicher** bzw. **gewählter** als die Intonations- und die *Est-ce que*-Frage.
  Durch Inversion können sowohl Entscheidungs- als auch Ergänzungsfragen gebildet werden, falls das Subjekt ein Personalpronomen ist.

▷▷

(F/D) Eine Entscheidungsfrage, deren Subjekt ein Nomen ist, kann im Französischen nicht durch einfache Inversion gebildet werden. Vergleiche:
(Est-ce que) Sandrine vient?
Kommt Sandrine?

Im Falle der Inversion müßte das Subjekt durch das entsprechende Subjektpronomen nach dem Verb wieder aufgegriffen werden: *Sandrine vient-elle?* Diese Art der Fragebildung wird in Band 2 behandelt.

(H)
1. In der gesprochenen Sprache ist die Inversion in den folgenden Wendungen üblich:
   Quelle heure est-il? — Wieviel Uhr ist es?
   Quel temps fait-il? — Wie ist das Wetter?
   Comment allez-vous, monsieur/madame? — Wie geht es Ihnen?
2. Die Inversionsfrage mit einem Subjektpronomen der 1. Person wird vermieden. Statt dessen wird die Frage mit *est-ce que* oder die Intonationsfrage verwendet:
   (Est-ce que) je pars ou (est-ce que) je reste?

§ 81 Der Relativsatz mit ‚qui', ‚que' und ‚où'

La proposition relative avec ‚qui', ‚que' et ‚où'

(Neu) Die Relativpronomen *qui, que* und *où* können verschiedene Funktionen haben. Diese Funktionen lassen sich leichter verstehen, wenn man sich den Relativsatz als Ableitung aus einem zweiten Satz vorstellt.

1.		**Subjekt**			
Olivier a parlé à	une fille.	**Cette fille**	} est Anglaise.		
Olivier a parlé à	une fille	**qui**			
Il va avec elle dans	un café.	**Ce café**	} est au centre-ville.		
Il va avec elle dans	un café	**qui**			
Au café, il y a	des jeunes.	**Ils**	} sont Allemands.		
Au café, il y a	des jeunes	**qui**			
2.		**direktes Objekt**			
Martine, tu penses à	la lettre?		Tu dois écrire	**cette lettre**	à Kerstin.
Martine, tu penses à	la lettre	**que**	tu dois écrire		à Kerstin?
Dans la cour, il y a	un client.		Tu dois renseigner	**ce client**.	
Dans la cour, il y a	un client	**que**	tu dois renseigner.		
Tu as apporté	les bouteilles?		Il veut acheter	**ces bouteilles**.	
Tu as apporté	les bouteilles	**qu'**	il veut acheter?		

1. ***Qui*** ist **Subjekt** des Relativsatzes (Frage: ‚Wer oder was?').
2. ***Que*** ist **direktes Objekt** des Relativsatzes (Frage: ‚Wen oder was?').
   Vor einem vokalisch anlautenden Subjekt des Relativsatzes wird *que* zu *qu'* verkürzt.

Die Form des Relativpronomens drückt also nur aus, ob es Subjekt *(qui)* oder direktes Objekt *(que)* des Relativsatzes ist. Man kann an seiner Form nicht erkennen, ob das Beziehungswort ein Lebewesen oder eine Sache, Maskulinum oder Femininum, Singular oder Plural ist.

1. *Qui* und *que* kann man wegen ihrer Ähnlichkeit leicht verwechseln. Sie lassen sich mit Hilfe folgender Überlegung auseinanderhalten. Jeder Satz hat ein Subjekt.
   Que ist **direktes Objekt** des Relativsatzes. Ihm muß also **noch ein Subjekt** folgen.
   Qui ist dagegen **bereits Subjekt** des Relativsatzes.
2. Unterscheide *qui* und *que* als Relativ- und als Interrogativpronomen:

   Qui est Martine?
   Que fait Jean-Luc? } Interrogativpronomen

   Martine est la fille **qui** est élève au lycée viticole.
   Jean-Luc lit le livre **que** Martine lui a offert. } Relativpronomen

Neu

3.	**Ortsbestimmung**	
A Paris, il y a la Bibliothèque Nationale.	**Dans cette bibliothèque,**	il y a 6 millions de livres.
A Paris, il y a la Bibliothèque Nationale	**où**	il y a 6 millions de livres.
La tour Montparnasse est un bâtiment très moderne.	**De ce bâtiment**	on a une vue magnifique.
La tour Montparnasse est un bâtiment très moderne	**d'où**	on a une vue magnifique.

Das Relativpronomen ***où*** bezieht sich auf **Ortsbestimmungen**.

§ 82 Die Veränderlichkeit des ‚participe passé' in Verbindung mit ‚avoir' (II) – L'accord du participe passé avec ‚avoir'

W

Beim ‚passé composé' mit *avoir* verändert sich das ‚participe passé', wenn dem Hilfsverb ein direktes Objekt vorausgeht (vgl. § 70).
Dieses direkte Objekt kann sein:
1. ein Personalpronomen: – Tu as mis **la table**? – Oui, je **l'**ai mis**e**.
2. Fragewort + Nomen: **Combien de monuments** est-ce que tu as déjà visit**és**?

Das vorausgehende direkte Objekt kann auch das Relativpronomen *que* sein.

Montre-moi	**le vase**	**que**	tu	as	achet**é**.	
	la carafe	**que**	tu	as	offert**e**	à ta mère.
	les livres	**que**	ton frère t'	a	donn**és**.	
	les lettres	**que**	tes copains t'	ont	écrit**es**.	

Das ‚participe passé' richtet sich in Genus und Numerus nach dem Nomen des übergeordneten Satzes, auf das sich das Relativpronomen *que* bezieht.

Für die Veränderlichkeit des ‚participe passé' bei reflexiven Verben (vgl. § 77) gilt die gleiche Regel: Montre-moi **les chaussures que** tu **t'es** achet**ées**.

§ 83 Das Verb ‚construire' – Le verbe ‚construire'

Infinitiv:	**construire** [kõstrɥir] – bauen				
Präsens:	Singular		Plural		
	je **construis**	[kõstrɥi]	nous **construisons**	[kõstrɥizõ]	
	tu construis	[kõstrɥi]	vous construis**ez**	[kõstrɥize]	
	il construi**t**	[kõstrɥi]	ils **construisent**	[kõstrɥiz]	
	elle construi**t**	[kõstrɥi]	elles **construisent**	[kõstrɥiz]	
Imperativ:	Construis.	[kõstrɥi]	Construisons.	[kõstrɥizõ]	
			Construisez.	[kõstrɥize]	
Passé composé:	j'ai **construit** [kõstrɥi]				

§ 84 Die Ergänzungsfragen mit ‚Qui est-ce qui ...?'/‚Qui est-ce que ...?'/ ‚Qu'est-ce qui ...?'/‚Qu'est-ce que ...?'

Mit *Qui ...?* (‚Wer ...?') fragt man nach Personen, die Subjekt des Satzes sind (vgl. § 7):
Qui a fait cela?
Mit *Que ...?* oder *Qu'est-ce que ...?* fragt man nach Sachen (auch Tätigkeiten, Ereignissen oder Aussagen), die direktes Objekt sind (vgl. § 19):

Que fait Sandrine? **Qu'est-ce qu'**elle dit?

Neben *qu'est-ce que* gibt es weitere zusammengesetzte Interrogativpronomen, die ähnlich gebildet sind. Bei ihrer Verwendung muß man unterscheiden,
1. ob nach einer Person oder nach einer Sache (bzw. Tätigkeiten, Ereignissen, Aussagen) gefragt wird;
2. ob die Person bzw. die Sache Subjekt oder direktes Objekt ist.

1. Die Frage nach Personen

Subjekt		
– **Quelqu'un**	doit préparer le repas.	**Wer …?** Wörtlich: ‚*Wer* ist es, *der* …?'
– **Qui est-ce qui**	va le faire? – Manfred.	
– **On**	doit faire les courses.	
– **Qui est-ce qui**	va les faire? – Nadine et Antoine.	

Direktes Objekt			
	– J'attends	**des copains**.	**Wen …?** Wörtlich: ‚*Wer* ist es, *den* …?'
– **Qui est-ce que**	tu attends?	– Martine et Sylvie.	
	– Olivier cherche	**quelqu'un**.	
– **Qui est-ce qu'**	il cherche?	– Florence.	

Mit *Qui est-ce qui …?* und *Qui est-ce que …?* fragt man nach **Personen**.
Beide Interrogativpronomen für Personen beginnen also mit ***qui***.
Mit ***Qui*** est-ce ***qui*** … ? fragt man nach **Personen**, die **Subjekt** sind.
Mit ***Qui*** *est-ce* ***que*** … ? fragt man nach **Personen**, die **direktes Objekt** sind.
Vor einem Wort mit vokalischem Anlaut wird *Qui est-ce que …?* zu *Qui est-ce qu' …?*

2. Die Frage nach Sachen (bzw. Tätigkeiten, Ereignissen, Aussagen)

Subjekt		
– **Quelque chose**	s'est passé aujourd'hui.	**Was …?** Wörtlich: ‚Was ist es, das …?'
– **Qu'est-ce qui**	s'est passé? – Le chien est parti.	
– **Ça**	ne va pas.	
– **Qu'est-ce qui**	ne va pas? – J'ai cassé un vase.	

Direktes Objekt			
– **Qu'est-ce que**	Sylvie a fait ce matin?	– **Elle a acheté quelque chose.**	**Was …?** Wörtlich: ‚Was ist es, das …?'
– **Qu'est-ce qu'**	elle a acheté?	– **Un anorak**.	

Mit *Qu'est-ce qui …?* und *Qu'est-ce que …?* fragt man nach **Sachen** (bzw. Tätigkeiten, Ereignissen, Aussagen).
Beide Interrogativpronomen für Sachen beginnen also mit ***qu'*** (= *que*).
Mit ***Qu'****est-ce* ***qui*** … ? fragt man nach **Sachen**, die **Subjekt** sind.
Mit ***Qu'****est-ce* ***que*** … ? fragt man nach **Sachen**, die **direktes Objekt** sind.
Vor einem Wort mit vokalischem Anlaut wird *Qu'est-ce que …?* zu *Qu'est-ce qu' …?*.

▷▷

Die verschiedenen Funktionen der zusammengesetzten Interrogativpronomen lassen sich in folgendem Schema zusammenfassen:

Qui (Person)	>	**est-ce**	< **qui**	(Subjekt)
Qu' (Sache)			**que/qu'**	(direktes Objekt)

F/D Im Deutschen fragt man mit ‚Was ... ?' sowohl nach einem (Sach-)Subjekt als auch nach einem direkten (Sach-)Objekt. Im Französischen muß man dagegen zwischen (Sach-)Subjekt *(Qu'est-ce **qui** ... ?)* und (Sach-)Objekt *(Qu'est-ce **que** ...* ?) unterscheiden.

H 1. Statt *Qui est-ce qui ... ?* ist immer auch einfaches *Qui ... ?* möglich:

Qui est-ce qui peut me dire où je peux me loger à Paris?
Qui peut me dire où je peux me loger à Paris?

Qui est-ce qui ist in der gesprochenen Sprache häufiger.

2. Statt *Qu'est-ce que ... ?* ist auch einfaches *Que ... ?* möglich.
Que wird vor allem verwendet, wenn es sich um kurze Sätze ohne Ergänzungen handelt:

Que fais-tu?	**Que** dit Florence?
Qu'est-ce que tu fais?	**Qu'est-ce que** Florence dit à Olivier?

Qu'est-ce que ist in der gesprochenen Sprache häufiger.

§ 85 Das Interrogativpronomen ‚quoi' – Le pronom interrogatif ‚quoi'

W Mit dem Interrogativpronomen *Qui ... ?* fragt man nach Personen, die Subjekt sind.
Qui ... ? kann auch nach Präpositionen (oder allein) stehen (vgl. § 20).

– A qui est-ce que tu penses?	– Qui t'a donné ce livre?
– A Florence.	– Florence.
– Pardon? **A qui**?	– Pardon? **Qui**?
– A Florence.	– Florence.

Mit dem Interrogativpronomen *Que ... ?* fragt man nach Sachen (auch Tätigkeiten, Ereignissen, Aussagen), die direktes Objekt sind (vgl. §§ 19, 84).

Neu *Que ... ?* kann nicht allein und auch nicht nach Präpositionen stehen.

1. **A quoi**	est-ce que tu penses?	Woran ... ?
De quoi	est-ce que tu veux parler?	Worüber ... ?
Avec quoi	est-ce que tu as ouvert cette boîte?	Womit ... ?
2. – **Quelque chose** m'inquiète.		
– **Quoi** donc? **Qu'est-ce qui** t'inquiète?		Was denn?
– J'ai entendu **quelque chose**.		
– **Quoi** donc? **Qu'est-ce que** tu as entendu?		Was denn?

Quoi steht statt *que*
1. nach Präpositionen;
2. in Fragesätzen ohne Verb. Mit *quoi* kann man in diesem Fall nach dem (Sach-)Subjekt und nach dem direkten (Sach-)Objekt fragen.

H Vor einem Infinitiv kann als direktes Objekt *que* oder *quoi* stehen.
In der Umgangssprache wird *quoi* bevorzugt.

Je ne sais pas | que / quoi | dire. Ich weiß nicht, was ich sagen soll.

§ 86 Die Verwendung von ‚qui', ‚ce qui' und ‚ce que' in der indirekten Frage – L'emploi de ‚qui', ‚ce qui' et ‚ce que' dans l'interrogation indirecte

W Indirekte Fragen sind bereits bekannt (vgl. § 37).
Indirekte Entscheidungsfragen werden durch *si* eingeleitet:

David demande **si** M. Morelié va souvent au cinéma. … ob …

In indirekten Ergänzungsfragen stehen die entsprechenden Fragewörter:

Jean-Pierre demande à Sandrine **avec qui** elle va au cinéma.

Neu Bei der indirekten Ergänzungsfrage nach dem Subjekt und dem direkten Objekt gilt es, einige Besonderheiten zu beachten.
Wieder muß man unterscheiden,
1. ob nach einer Person oder nach einer Sache (bzw. Tätigkeiten, Ereignissen, Aussagen) gefragt wird;
2. ob die Person bzw. die Sache Subjekt oder direktes Objekt ist (vgl. § 84).

1. Die indirekte Frage nach Personen

Michel demande à Patrick: «**Qui est-ce qui/Qui** t'a accompagné au théâtre?»	Michel demande à Patrick **qui** l'a accompagné au théâtre.	**Subjekt** … wer ihn … begleitet hat.
«**Qui est-ce que** vous y avez rencontré?» **Direkte Frage**	Puis il demande **qui** ils y ont rencontré. **Indirekte Frage**	**Direktes Objekt** … wen sie … getroffen haben.

In der **indirekten Frage** nach **Personen** gibt es für **Subjekt** und **direktes Objekt** nur **eine** Form: ***qui***.

▷▷

2. Die indirekte Frage nach Sachen (Tätigkeiten, Ereignissen, Aussagen)

Anne demande à Nadine: «**Qu'est-ce qui** te plaît?»	Anne demande à Nadine **ce qui** lui plaît.	**Subjekt** ... was ihr gefällt.
«**Qu'est-ce que** tu préfères?» **Direkte Frage**	Puis elle demande **ce que** Nadine préfère. **ce qu'** elle préfère. **Indirekte Frage**	**Direktes Objekt** ... was sie vorzieht.

Bei der **indirekten Frage** nach **Sachen** (Tätigkeiten, Ereignissen, Aussagen) gibt es für das Subjekt und das direkte Objekt **unterschiedliche Fragewörter**:
ce qui ist **Subjekt**,
ce que ist **direktes Objekt** des Fragesatzes.
Vor einem Wort mit vokalischem Anlaut wird *ce que* zu *ce qu'* verkürzt.

Die Fragewörter in der direkten und in der indirekten Frage nach Personen und Sachen lassen sich in folgendem Schema zusammenfassen

Direkte Frage	Indirekte Frage
Qui est-ce qui ...?/Qui ...? →	**... qui ...**
Qui est-ce que ...? →	**... qui ...**
Qu' est-**ce qui** ...? →	**... ce qui ...**
Qu' est-**ce que** ...? →	**... ce que ...**

Alle anderen Fragewörter bleiben beim Übergang von der direkten zur indirekten Frage unverändert, z. B.

A quoi est-ce que tu penses? → Il veut savoir **à quoi** je pense.
Quelle heure est-il? → Il veut savoir **quelle heure** il est.

Die Reihenfolge der Satzglieder ist in der indirekten Frage: Subjekt-Verb-Ergänzung (vgl. § 37).

Die Regeln zur Verwendung der Fragewörter gelten nicht nur bei der indirekten Frage, sondern allgemein in Objektsätzen:

Je ne sais pas / Je voudrais savoir / Il m'explique } qui a fait cela.

Je ne sais pas / Je voudrais savoir / Il m'explique } ce qu'il veut.

H 1. *Ce qui* und *ce que* können auch Relativsätze ohne Bezugswort einleiten:
Ce qui compte à Paris, c'est de prendre le temps de regarder.
Ce que je voudrais faire, c'est parler aux gens.

2. Auch nach *tout* steht *ce qui* oder *ce que*:
Tout ce qui brille n'est pas d'or.
Je suis d'accord avec **tout ce que** tu dis.

⚠ Unterscheide zwischen *ce que* (Fragewort) und *que* (Konjunktion):

Je sais **ce que** tu as fait. — Ich weiß, **was** du getan hast.
Je sais **que** tu as cassé le vase. — Ich weiß, **daß** du die Vase zerbrochen hast.

§ 87 Die Verneinung mit ‚ne … rien' und ‚ne … personne'

La négation avec ‚ne … rien' et ‚ne … personne'

Neu

1.	Objekt			Subjekt	
– Tu veux	quelque chose	à boire?		– Quelque chose	te plaît ici?
– Non, je **ne** veux	**rien**.		– Non,	**rien ne**	me plaît ici.
– Vraiment?			– Vraiment?		
– Non,	**rien.**		– Non,	**rien.**	
– Tu cherches	quelqu'un?			– Quelqu'un	est là?
– Non, je **ne** cherche	**personne**.		– Non,	**personne n'**	est là.
– Vraiment?			– Vraiment?		
– Non,	**personne.**		– Non,	**personne.**	

Im Präsens umschließen *ne … rien* und *ne … personne* das Verb, wenn *rien* und *personne* Objekt sind.

Rien ne … und *personne ne …* stehen geschlossen vor dem Verb bzw. der Verbgruppe, wenn *rien* und *personne* Subjekt sind.

In Kurzantworten ohne Verb entfällt *ne*.

2. Aujourd'hui, je	**n'**	ai	**rien**	fait		} Passé composé
et je	**n'**	ai		vu	**personne**.	
Demain, je	**ne**	vais	**rien**	faire		Futur composé
et je	**ne**	veux		voir	**personne**.	Modalverb + Infinitiv

In zusammengesetzten Zeiten und Sätzen mit Modalverb hat *ne … rien* dieselbe Stellung wie die Verneinungswörter *ne … pas/plus*.
Rien steht also **vor** dem *participe passé* bzw. **vor** dem Infinitiv.
Bei der Verneinung mit *ne … personne* steht dagegen *personne* **nach** dem participe passé bzw. **nach** dem Infinitiv.

§ 88 Das Verb ‚connaître' – Le verbe ‚connaître'

Neu

Infinitiv:	**connaître** [kɔnɛtr] – kennen			
Präsens:	Singular		Plural	
	je **connais**	} [kɔnɛ]	nous **connaissons**	[kɔnɛsõ]
	tu connais		vous connaissez	[kɔnɛse]
	il connaît		ils **connaissent**	[kɔnɛs]
	elle connaît		elles **connaissent**	[kɔnɛs]
Passé composé:	j'ai **connu** [kɔny]			

⚠ Vergleiche: connaître — plaire — se taire
il connaît — il plaît — il se tait

Révision des structures

Révision 1: Die Artikel – Les articles (nach § 48, Leçon 6)

1. Der bestimmte Artikel und der unbestimmte Artikel Singular und Plural –
L'article défini et l'article indéfini (singulier et pluriel)

	Singular		Plural	
	maskulin	**feminin**	**maskulin**	**feminin**
bestimmter Artikel	**le** frère **l'** ami **l'** **h**ôtel	**la** sœur **l'** amie **l'** **h**eure	**les** frères **les** amis **les** **h**ôtels	**les** sœurs **les** amies **les** **h**eures
unbestimmter Artikel	**un** frère **un** ami **un** **h**ôtel	**une** sœur **une** amie **une** **h**eure	**des** frères **des** amis **des** **h**ôtels	**des** sœurs **des** amies **des** **h**eures

2. Der Teilungsartikel und das partitive ‚de' – L'article partitif et le ‚de' partitif

maskulin	**du** sucre **de l'** ail	Zucker → Knoblauch →	3 **cuillères de** sucre **beaucoup d'** ail	3 Löffel Zucker viel Knoblauch
feminin	**de la** farine **de l'** eau	Mehl → Wasser →	**peu de** farine **pas d'** eau	wenig Mehl kein Wasser

Beachte: **avec du** sucre — mit Zucker
sans sucre — ohne Zucker

Révision 2: Die verbundenen und die unverbundenen Personalpronomen – Les pronoms personnels conjoints et disjoints

1. Form und Funktion (nach § 60, Leçon 7)

Unverbundene Personalpronomen	Verbundene Personalpronomen		
C'est **moi.**	**Je** suis chez Luc.	Tu **me** cherches?	Tu veux **me** parler?
Ah, c'est **toi!**	**Tu** es chez Luc?	Je **te** cherche.	Je veux **te** parler.
C'est **lui.**	**Il** est chez Luc.	Je **le** cherche.	Je veux **lui** parler.
C'est **elle.**	**Elle** est chez Luc.	Je **la** cherche.	Je veux **lui** parler.
C'est **nous.**	**On** est chez Luc. **Nous** sommes chez Luc.	Tu **nous** cherches?	Tu veux **nous** parler?
Ah, c'est **vous!**	**Vous** êtes chez Luc?	Je **vous** cherche.	Je veux **vous** parler.
C'est **eux.**	**Ils** sont chez Luc.	Je **les** cherche.	Je veux **leur** parler.
C'est **elles.**	**Elles** sont chez Luc.	Je **les** cherche.	Je veux **leur** parler.
	Subjekt	**direktes Objekt** chercher qn	**indirektes Objekt** parler **à** qn

2. Stellung der Objektpronomen (nach § 78, Leçon 9)

– Tu	**me**	cherches?				– J'écris à Luc?
– Non, je ne	**te**	cherche pas.				– Oui, écris-**lui**.
– Tu	**m'**	as		cherché(e)?		Non, ne **lui** écris pas.
– Non, je ne	**t'**	ai	pas	cherché(e).		
– Tu	**lui**	as		parlé?		
– Non, je ne	**lui**	ai	pas	parlé.		
– Tu		veux		**me**	parler?	
– Non, je ne		veux	pas	**te**	parler.	

Révision 3: Konjunktionen – Conjonctions (nach Leçon 7)

Nebenordnung *(coordination)*		
Olivier **et** Sandrine parlent de leurs prochaines vacances.	*et*	und
– On va dans les gorges du Tarn **ou** dans le Morvan?	*ou*	oder
– J'aime bien le Morvan, **mais** j'aime encore mieux les gorges du Tarn.	*mais*	aber
Unterordnung *(subordination)*		
Quand Bernard téléphone, François fait encore ses devoirs.	*quand*	als
– **Quand** je téléphone, tu travailles. C'est toujours la même chose.	*quand*	(immer) wenn
Je voudrais te parler **parce que** je ne comprends pas les devoirs de maths.	*parce que*	weil
Je sais **que** tu es bon en maths.	*que*	daß
Dis-moi **si** tu peux m'aider.	*si*	ob
– Tu peux venir tout de suite ou ce soir, **comme** tu veux.	*comme*	wie

Révision 4: Die Verneinung – La négation (nach § 87, Leçon 10)

– Tu travailles?	– Non, je	**ne**		travaille	**pas**.		
– Pourquoi pas?	– Je	**n'**		aime	**pas**		ça.
– Tu écris à Martine?	– Non, je	**ne**	lui	écris	**plus**.		
	– Je	**ne**	lui	écris	**jamais**.		
	– Je	**ne**	lui	écris	**plus jamais**.		
– Tu as écrit à Antoine?	– Non, je	**ne**	lui	**ai**	**pas**		**écrit**.
– Pourquoi pas?	– Je	**ne**		**veux**	**plus**	lui	**écrire**.
– Tu as des timbres?	– Non, je	**n'**		ai	**pas de**		timbres.
	– Je	**n'**		ai	**plus de**		timbres.
– Tu fais du ski?	– Non, je	**ne**		fais	**jamais de**		ski.
Aber:							
– Tu as pris le métro?	– Non, je	**ne**		prends	**jamais le**		métro.
– Tu as été au musée?	– Non, je	**n'**		**aime**	**pas les**		musées.
– Ce sont des touristes, là, devant le musée?	– Non, ce	**ne**		**sont**	**pas des**		touristes.

– Tu as vu quelque chose?	– Non,				**rien**.	
	Je	**n'**		ai	**rien**	vu.
– Qu'est-ce qui t'inquiète?	– **Rien.**					
	Rien	**ne**	m'	inquiète.		
– Tu as vu quelqu'un?	– Non,				**personne**.	
	Je	**n'**		ai vu	**personne**.	
	Et **personne**	**ne**	m'	a vu.		

Révision 5: Der Plural der Nomen (Besonderheiten)

Le pluriel des noms (particularités) (nach Leçon 10)

un **bus** des **bus**	[-s]	un **concours**[1] des **concours**	[-kur]	un **cours** des **cours**	[kur]	un **mois** des **mois**	[mwa]
un **prospectus** des **prospectus**	[-s]	un **congrès** des **congrès**	[-grɛ]	un **dos** des **dos**	[do]	un **palais** des **palais**	[palɛ]
un **fils** des **fils**	[-s]	un **corps**[1] des **corps**	[kɔr]	une **fois** des **fois**	[fwa]	un **prix** des **prix**	[pri]

un bur**eau** des bur**eaux**	un plat**eau** des plat**eaux**	un can**al**[1] des can**aux**	**Aber:** un festiv**al** des festiv**als**
un chât**eau** des chât**eaux**	un tabl**eau** des tabl**eaux**	un hôpit**al**[1] des hôpit**aux**	
un cout**eau** des cout**eaux**	un f**eu** des f**eux**	un journ**al** des journ**aux**	
un morc**eau** des morc**eaux**	un j**eu** des j**eux**	un tribun**al**[1] des tribun**aux**	
un pinc**eau**[1] des pinc**eaux**		un trav**ail** des trav**aux**	**Aber:** un dét**ail** des dét**ails**

une caméra vidéo des caméra**s** vidéo	une grand-mère des grand**s**-mère**s**	un après-midi des après-midi	un pique-nique[1] des pique-nique**s**
un centre-ville des centre**s**-ville	un grand-père des grand**s**-père**s**	un croque-monsieur des croque-monsieur	

une brosse à dents[1] des brosse**s** à dents	une auberge de jeunesse des auberge**s** de jeunesse	une agence de voyages[1] des agence**s** de voyage**s**
une planche à voile[1] des planche**s** à voile	un centre de canoë des centre**s** de canoë	une salle de bain**s** des salle**s** de bain**s**
une salle à manger des salle**s** à manger	un bureau de tabac des bureau**x** de tabac	un magasin de journ**aux** des magasin**s** de journ**aux**

[1] Diese Wörter werden nur im Perfectionnement verwendet.

Beachte:

un	hors-d'œuvre[1]	un	bœuf	[bœf]	monsieur	[məsjø]
des	hors-d'œuvre	des	bœufs	[bø]	messieurs	[mesjø]
	[deɔrdœvr]	un	œuf	[œf]	madame	[madam]
		des	œufs	[dezø]	mesdames	[medam]
					mademoiselle	[madmwazɛl]
					mesdemoiselles	[medmwazɛl]

Révision 6: Präpositionen – Prépositions (nach Leçon 10)

1. Örtliche Beziehungen

Les Leroux habitent **à** Autun.	*à*	in (+ Stadt/Dorf)
Autun est **en** Bourgogne,	*en*	in (+ Land)
au bord de l'Arroux.	*au bord de*	am Ufer von
Autun n'est pas **loin de** Beaune.	*loin de*	weit von
Quand on va **de** Paris **à** Marseille,	*de … à*	von … nach
on passe **par** la Bourgogne.	*par*	durch
En été, les touristes prennent		
«l'Autoroute du Soleil» pour aller **vers** le sud.	*vers*[2]	nach (in Richtung auf)
Au bout de l'autoroute, le soleil les attend.	*au bout de*[2]	am Ende von
Nous sommes **chez** les Leroux.	*chez*	bei (… zu Hause)
La famille est **dans** la salle de séjour.	*dans*	in
Sur la table, il y a des couverts.	*sur*	auf
Les verres sont **derrière** les assiettes.	*derrière*	hinter
A gauche des assiettes, il y a les fourchettes.	*à gauche de*	links von
A droite des assiettes, il y a les couteaux et les cuillères.	*à droite de*	rechts von
Au milieu de la table, il y a un plat de viande.	*au milieu de*	in der Mitte von
Devant la bouteille de vin, il y a une carafe d'eau.	*devant*	vor
Autour de la table, il y a Florence, Sandrine, Olivier et leurs parents.	*autour de*	um … herum
Mme Leroux est **entre** Sandrine et Olivier.	*entre*	zwischen
M. Leroux est **en face de** Mme Leroux.	*en face de*	gegenüber von
Max, le chien, est **près de** Florence,	*près de*	nahe bei/in der Nähe von
sous la table.	*sous*	unter
A côté de la télé, il y a la mallette de M. Leroux.	*à côté de*	neben
M. Leroux **prend** un prospectus **dans** sa mallette.	*(prendre) dans*	(herausnehmen) aus
Le prospectus montre Notre-Dame de Paris.		
Notre-Dame se trouve **dans** l'île de la Cité.	*dans*	auf (+ Insel)
Les tours de cette cathédrale montent **jusqu'à** 69 mètres de hauteur.	*jusque*	bis

▷▷

[2] Diese Präpositionen bzw. präpositionalen Ausdrücke werden nur im Perfectionnement verwendet.

Beachte ‚à, chez, en, dans, de‘:

Je vais **à** Beaune. **au** lycée. **à** la cantine. **chez** mes amis. **chez** le docteur. **en** ville. **en** Allemagne. **aux** Pays-Bas.	M. Leroux **travaille à** Autun. Il **travaille chez** Neyrat. Il **travaille dans** un bureau. A midi, il **mange à** la cantine. Il **mange dans** la cantine du 1er étage. Le soir, il **rentre à** la maison. Il **entre** tout de suite **dans** la cuisine. Florence **passe** d'abord **dans** une épicerie. Ensuite, elle **passe à** la poste.	Sandrine **vient du** collège. Florence **vient de chez** Jean-Luc. Olivier **vient de chez** le boulanger.

2. Zeitliche Beziehungen

Au collège du Vallon, les cours commencent **à** 8 heures du matin.	*à ... (heures)*	um ... (Uhr)
Ils vont **de** 8 heures **à** midi.	*de ... à*	von ... bis
Les élèves arrivent peu **avant** 8 heures.	*avant*	vor
Le matin, **après** la deuxième heure de cours, il y a une récréation.	*après*	nach
Pendant les récréations, les élèves vont dans la cour.	*pendant*	während
Les élèves déjeunent **entre** midi et 2 heures.	*entre*	zwischen
L'après-midi, ils peuvent avoir cours **jusqu**'à cinq heures.	*jusque*	bis
Sandrine arrive à la maison **vers** 5 heures et demie.	*vers*	gegen
Jean-Luc est à Aix **depuis** octobre.	*depuis*	seit
Il est arrivé **il y a** six mois.	*il y a*	(heute) vor
Dans trois semaines, il va aller à Grasse.	*dans*	in (nach Ablauf von)
En une semaine de travail, il veut gagner 1000 F.	*en*	in (einem Zeitraum von)
A la fin des vacances de Pâques, il va retourner à Aix.	*à la fin de*	am Ende von
Kerstin et son frère sont arrivés à Aloxe-Corton		
le 2 octobre.	*le (+ date)*	am (+ Datum)
en octobre.	*en (+ mois)*	im (+ Monat)
au mois d'octobre.	*au mois de*	im (+ Monat)
La Provence est très jolie		
au printemps,	*au printemps*	im Frühling
en été,	*en été*	im Sommer
en automne et même	*en automne*	im Herbst
en hiver.	*en hiver*	im Winter

3. Sonstige Beziehungen

Sandrine travaille **avec** Jean-Pierre.	*avec*	mit
Ils écrivent un article **sur** le collège.	*(un article) sur*	(ein Artikel) über
Ils parlent **des** problèmes des élèves.	*(parler) de*	(sprechen) über
Sandrine veut partir en vacances **sans** ses parents.	*sans*	ohne
Mais sa mère est **contre** cette idée.	*contre*	gegen

Antoine paie le lait **pour** la semaine.	*pour*	für
Les jeunes prennent la route **pour** Mende.	*pour*	nach (+ Ortsangabe)
Manfred veut venir à Serviès une fois **par** an.	*par*	pro (+ Zeitangabe)
Pour rentrer en Suisse, il prend le train **de** 7 heures.	*(le train) de (7 h)*	der 7-Uhr-Zug
Qu'est-ce que tu fais **comme** sport?	*comme*	was für ein/an
Comment est-ce qu'on dit ça **en** français?	*en (+ langue)*	auf (+ Sprache)

Révision des verbes

1. Regelmäßige Verben auf ‚-er' (§§ 10, 11, 66)

regarder	je regarde	nous regardons
j'ai regardé	tu regardes	vous regardez
	il regarde	ils regardent
	Regarde.	Regardons.
		Regardez.

écouter	j' écoute	nous écoutons
j'ai écouté	tu écoutes	vous écoutez
	il écoute	ils écoutent
	Ecoute.	Ecoutons.
		Ecoutez.

Beachte die folgenden Verben auf ‚-er' mit Besonderheiten in Schrift- und Lautbild:

acheter (§§ 51, 66)	j' achète	nous achetons
j'ai acheté	tu achètes	vous achetez
	il achète	ils achètent
	Achète.	Achetons.
		Achetez.

Ebenso: se lever[2], peser[1], se promener[2]

appeler (§§ 51, 66)	j' appelle	nous appelons
j'ai appelé	tu appelles	vous appelez
	il appelle	ils appellent
	Appelle.	Appelons.
		Appelez.

Ebenso: se jeter[1,2]

préférer (§§ 51, 66)	je préfère	nous préférons
j'ai préféré	tu préfères	vous préférez
	il préfère	ils préfèrent

Ebenso: compléter, espérer, s'inquiéter, protéger[1], répéter

payer (§§ 51, 66)	je paie	nous payons
j'ai payé	tu paies	vous payez
	il paie	ils paient
	Paie.	Payons.
		Payez.

Nebenform: je paye **Ebenso:** essayer, s'essuyer[1, 2]

manger (§§ 53, 66)	je mange	nous mangeons
j'ai mangé	tu manges	vous mangez
	il mange	ils mangent
	Mange.	Mangeons.
		Mangez.

Ebenso: corriger, échanger, loger, mélanger, nager[1], protéger[1]

commencer (§§ 53, 66)	je commence	nous commençons
j'ai commencé	tu commences	vous commencez
	il commence	ils commencent
	Commence.	Commençons.
		Commencez.

Ebenso: remplacer

[1] = Diese Verben werden nur im Perfectionnement verwendet.

[2] = Diese Verben bilden das ‚passé composé' mit ‚être'.

2. Regelmäßige Verben auf ‚-dre' (§§ 33, 66)

répondre	je réponds tu réponds il répond	nous répondons vous répondez ils répondent	**attendre**	j' attends tu attends il attend	nous attendons vous attendez ils attendent
j'ai répondu	Réponds.	Répondons. Répondez.	j'ai attendu	Attends.	Attendons. Attendez.
Ebenso: entendre, descendre[2], perdre, rendre, se rendre[2], vendre					

3. Regelmäßige Verben auf ‚-ir' (§§ 59, 66)

• **Gruppe ‚finir'** • **Gruppe ‚sortir'**

finir	je finis tu finis il finit	nous finissons vous finissez ils finissent	**sortir**	je sors tu sors il sort	nous sortons vous sortez ils sortent
j'ai fini	Finis.	Finissons. Finissez.	je suis sorti,e	Sors.	Sortons. Sortez.
Ebenso: agir, choisir, réagir, réfléchir			**Ebenso:** dormir, partir[2], sentir, servir		

4. Unregelmäßige Verben

aller[2] (§§ 31, 66)	je vais tu vas il va	nous allons vous allez ils vont	**comprendre** (§§ 42, 66) vgl. *prendre*	je comprends tu comprends il comprend	nous comprenons vous comprenez ils comprennent
je suis allé(e)	Va.	Allons. Allez.	j'ai compris	Comprends.	Comprenons. Comprenez.
apprendre (§§ 42, 66) Vgl. *prendre*	j' apprends tu apprends il apprend	nous apprenons vous apprenez ils apprennent	**connaître** (§ 88)	je connais tu connais il connaît	nous connaissons vous connaissez ils connaissent
j'ai appris	Apprends.	Apprenons. Apprenez.	j'ai connu		
avoir (§§ 26, 66)	j' ai tu as il a	nous avons vous avez ils ont	**construire** (§ 83)	je construis tu construis il construit	nous construisons vous construisez ils construisent
j'ai eu			j'ai construit	Construis.	Construisons. Construisez.
boire (§§ 52, 66)	je bois tu bois il boit	nous buvons vous buvez ils boivent	**devoir** (§ 74)	je dois tu dois il doit	nous devons vous devez ils doivent
j'ai bu	Bois.	Buvons. Buvez.	j'ai dû		

[1] = Diese Verben werden nur im Perfectionnement verwendet.
[2] = Diese Verben bilden das ‚passé composé' mit ‚être'.